easy money 73

U0007822

圖解 全面修訂版

第一次
買股票 就上手

李明黎 著

目錄

如何使用這本書？

本書專為「第一次買股票」的人而製作，對於你可能面對的種種疑惑、不安和需求，提供循序漸進的解答。為了讓你更輕鬆的閱讀和查詢，本書共分為九個篇章，每一個篇章，針對「第一次買股票」的人所可能遭遇的問題，提供完整的說明。

篇名
「第一次買股票」所遭遇的相關問題，可根據你的需求查閱相關篇章。

Chapter **3** 如何選擇我的第一張股票？

大標
當你面臨該篇章所提出的問題時，須知道的重點以及解答。

選定我的第一張股票

投資人的第一股票非常重要，如果第一次投資能有好的經驗，將會為投資人帶來信心，也帶來更多可投資資金；如果第一張股票投資結果不佳，不但資金賠掉了，投資信心也會大受影響。而如何選擇第一張股票也是最為困難的，因為經驗不足，常有不知從何開始的困惑，但只要你跟著以下的指導原則，一步步設定、篩選自己的第一張股票，選對股票，投資就算贏了一半了。

step-by-step
具體的步驟，幫助「第一次買股票」的你清楚使用的步驟。

挑選第一張股票 Step by step

Step1 設定期望報酬
在投資股票前先要清楚自己究竟屬於何種投資人，保守、穩健、或是積極？才能設定出合理的期望報酬。

內文
針對大標所提示的重點，做言簡意賅、深入淺出的說明。

Step2 初步篩選
目前台灣上市、上櫃股票千百檔，要從中挑出一檔股票，必須利用一些篩選標準，篩出一部分股票，再從中分析，挑選出精華。

Dr. easy
無所不知、體貼細心的易博士，為「第一次買股票」的你提供實用而關鍵的建議。

高報酬的投資商品一定伴隨著高風險，但高風險的投資工具不一定就會有高報酬。

Quote
理財專家的建議，發人深省的雋永名言。

> **Quote**
> 股票投資就好比當紙上選美的評審，你必須由上百張照片中挑出六張最漂亮的面孔，如果選出的結果最接近全體評審的看法，就是贏家。
> ——經濟學家 凱因斯

> **INFO** 善用臺灣證券交易所的選股機制
>
> 證交所（https://www.twse.com.tw）提供「上市公司條件選股」服務，
> 投資人可以由收盤價、成交量、三大法人、融資融券、月營收成長率、
> 月周轉率等指標來篩股，投資人可多加參考利用。

Step3 蒐集資料與分析

要分析、篩選，就得先蒐集足夠的最新資料，再一一比對、分
析。分析的角度包括基本面、技術面、籌碼面與消息心理面，透過這
些分析關卡，才有辦法比較出前景最佳、潛力最大的股票，做為自己
的第一檔股票。

基本面出現轉機

放出利多

法人大量布局，
散戶跟進

熱門股

> **Story**
>
> 台灣上市公司 2019 年平均每股盈餘為 2.59 元，2020 年 1 至 7 月平均
> 則為 2.50 元。但股王「大立光」（3008）的每股盈餘就相當驚人了！
> 「大立光」在 2020 年中的股東會公布，前一年度每股稅後盈餘高達
> 210.70 元，每股配發現金股利為 79 元，雙雙創下台股歷史新紀錄！

Chapter

1

為什麼要買股票？

　　股票曾經讓許多人一夜致富，也曾讓許多人為之心傷。究竟股票有著怎樣的魅力，讓人歡喜也讓人憂？究竟要如何利用股票在微利時代創造新的獲利機會？究竟自己適不適合投資股票呢？本篇將為你一一釐清，為什麼要投資股票，以及投資股票的難易度，透過本書你將明白，自己有沒有成為「股票族」的天分與本錢。

本篇教你

- ✅ 應該投資股票的四大理由
- ✅ 股票與其他投資工具的異同點
- ✅ 我適合買股票嗎？
- ✅ 如何第一次投資股票就上手？

為什麼要買股票？

　　財富是滿足生命的一項工具，埋頭苦幹一點一滴累積財富的時代已經過去，目前，市場上有多元化的理財工具可供選擇，幫助有夢的人提早實現夢想。但前提是你必須知道如何聰明地理財、智慧地投資。

買股票的好處

1. 簡單的致富方法

　　股票是適合多數投資大眾、而且相對來說還算簡單的致富工具。投資股票的手續相當方便，所需投資金額彈性，一張股票從數千元到數十萬元不等，只要投資人清楚自己的投資屬性，再做一點功課，就能在股票市場依自己的財力找到適合的標的物。

2. 長期持有的儲蓄方式

　　股票也可當做一種儲蓄工具，長期持有某檔績優股，擔任該績優公司的股東，每年參與公司的成長，透過配股或配息，累積自己的財富。美國投資家華倫・巴菲特（Warren Buffett）就是最佳的例子。傳奇經理人彼得・林區（Peter Lynch）曾說，巴菲特成為全球首富之一的祕訣無他，就是存錢投資在股票裡。他在11歲時，就以38元美金開始投資股票，長期投資而成為億萬富翁。

INFO 通貨膨脹與通貨緊縮

　　當手中的錢愈來愈小，可購買的東西愈來愈少，例如：以前吃一碗陽春麵20元，現在要35元，就稱為「通貨膨脹」；相反地，若手中的現金愈來愈值錢，可購買的東西愈來愈多，就稱為「通貨緊縮」。

3. 打敗通膨的理財工具

在通貨膨脹時代,如果不善投資,什麼都沒做,荷包就會隨著時間自動地一點一滴縮水,特別是通貨膨脹率大於銀行存款利率時,如果將所有的錢都放在銀行,幾年下來,不但你的利息都被通貨膨脹侵蝕掉了,而且,荷包的實質購買力也跟著下降,因此,開始投資報酬率較高的股票,有其必要。

4. 微利時代的獲利機會

全球經濟陸續受到美中貿易戰、新冠肺炎疫情等利空因素衝擊,為求提振景氣,各地政府紛紛祭出低利率政策,全球的低利環境已走了十年以上,以台灣一年期牌告存款利率為例,自民國97年至今都低於2%以下,歐洲、日本甚至出現負利率,擁抱現金已不再是王道,投資股票成為優質企業的股東,才有機會贏得更佳獲利。

5. 投資理財的入門訓練

學習投資理財,是一輩子的課題,買股票則是自我學習蠻不錯的開始。從了解總體經濟或產業情勢、挑選一家優質企業、研究營運展望與財報內容、尋找適當的買點與賣點……等,過程中都能累積自己的財經知識與見識,也能擴展投資視野,慢慢成為投資老手後,便可嘗試其他更進階的投資工具。

台灣股市VS銀行存款				
時間	2017年	2018年	2019年	2020年1-7月
一年期存款利率	1.04%	1.04%	1.04%	0.77%
台灣股市收盤價（加權股價指數TAIEX)	10642.86點	9727.41點	11997.14點	12664.80點
股價指數報酬率	15.01%	-8.60%	23.33%	5.57%
上市公司家數	907家	928家	942家	944家

資料來源:臺灣證券交易所;中央銀行「重要金融指標」、「金融統計月報」
資料日期:2020 年 7 月底

投資股票難不難？

　　投資股票其實不難，在台灣股市狂飆的民國七〇年代，投資股票一度成為全民運動，能夠讓大眾都參與的投資工具，應該不會太難才對。投資股票的難度在於，如何獲利賺錢？因此，在投資之前，每一位投資人最好都要弄清楚，投資股票需要做些什麼準備以及遵守何種原則。

買股票要具備的 3 項條件

1. 以閒置資金做投資

　　股票投資並非穩賺不賠，不小心買到地雷股，就有可能將資金全部賠光，這樣的認知必須謹記在心。股票投資人應該只用閒置資金來投資股票，在理財規畫與分散投資風險的考量下，不宜將所有的閒置資金都投入股市，至少要留一定比例的閒錢放在沒有投資風險的固定收益商品，如銀行存款中，以應付不時之需。

多頭市場意味股票市場交易熱絡，股價頻頻走揚；空頭市場意味股票市場交投清淡，股價頻頻下跌。

2. 不盲從，投資前先做功課

　　股票的價格是由市場供需所決定，若投資人同時看好某一檔個股，紛紛進場買進，股價就會上揚。但在搞不清楚個股基本面，或是股價上漲原因的情況下，許多投資人便隨之加入追高行列，這樣的盲從心態在台灣股市常出現，也有不少人在追高後結果損失慘重。

　　另一種情況是，當投資人普遍對股市前景感到悲觀，也有很多人跟著不分緣由地殺出所持有的績優股票，使自己在逢低賣出的情況下，投資報酬並不佳。這些都是投資人在買賣股票前沒有好好做功課、思考清楚所導致。

投資股票之前，你必須先知道：
- 這家公司的主要業務是什麼？
- 這家公司的經營風格？
- 這家公司產品的產業趨勢是成長還是衰退？
- 這家公司股票過去的股價趨勢？
- 這家公司近幾年的獲利狀況如何？
- 目前整個經濟的景氣狀況是如何？

3. 了解股票投資的正確觀念

　　正確的投資觀念包括了以下4點：
- 股票投資並非穩賺不賠，投資風險無處不在。
- 股票不是「投機」工具，需要有「投資」認知。也就是說，買股票主要是成為公司股東，享受公司穩定成長的收益。
- 天下沒有白吃的午餐。投資任何股票都需要研究公司基本面，再分析之後再理性進場投資。
- 「低買高賣」是最難的課題。要買在最低、賣在最高，機率相當低，千萬不要因為「貪」，而錯失進出場時點。

股票與其他投資工具的異同

在金融國際化、自由化趨勢下，目前台灣許多投資工具已經愈來愈普遍，投資大眾也愈來愈熟悉這些商品。目前最風行的，除了股票之外，還包括定存、基金、期貨、債券、房地產、黃金、外幣等，這些投資工具各有特質，難易程度、風險性、變現性與所需投資金額各有不同，投資人在進行投資行為之前，應對各項主要的投資工具有所了解，這樣也更能夠比較出「股票」這項投資工具的特色。

股票與其他投資工具異同比較表				
項目	難易程度	所需投資金額	年平均報酬	風險性	變現性
股票	中等	視股價而定	中高	高	高
基金	容易	小	中高	中	高
定存	最容易	小	低	最低	中
債券	容易	大	低	低	中
跟會	中等	小	中高	中高	中
房地產	中等	大	中	中	低
黃金	容易	小	低	低	中
外幣	中等	中	中高	中	高
期貨	複雜	大	高	高	高

通常一年內漲幅超過60％、80％，甚至一倍以上的個股，都有濃厚的投機色彩，這些股票漲多後迅速大跌的現象相當常見，證交所也常會公告短線漲幅過大的警示股票，希望投資人多加留意追高的風險。

3 種投資風險／報酬模式

1. 風險高，可期望報酬率也高

　　所有無法保證獲利的商品，都伴隨著相當的風險，像股票、期貨、外幣、黃金等的投資報酬，都將視投資人是否能夠看準趨勢、低買高賣而定；而共同基金因為投資標的囊括許多股票，因此，風險相對股票要低，報酬也相對較股票更為穩定，但不如股票具有爆發性。這些投資工具，因為在公開市場中買賣方便，變現性也相對較佳。

代表工具：股票、期貨、外幣、黃金

2. 固定收益，風險較低

　　像台幣定存、台灣政府債券都是保證一定獲利率的固定收益商品，換句話說，投資人在投資債券或定存時，便已可預期未來的報酬收益。但以長期的平均報酬率來看，這些固定收益商品，報酬率相較於股票顯得較不具吸引力。

代表工具：定存、債券

3. 風險、報酬均難預期

　　「跟會」是民間相當盛行的投資工具，最大的風險便是「倒會」，將使血汗錢追索無門，但如果沒有「倒會」，這樣的自助會算是相當方便的理財工具，可以享有固定的收益；投資「房地產」最大的障礙便是其所需投資金額相當高，一棟房子或一層公寓動輒千百萬，一般人較難負擔，投資報酬也較難掌控。

代表工具：跟會、房地產

Quote　　每一位投資人在心理或財務上都要有度小月的準備，例如1973至1974年之間，投資人根本就是在當散財童子，但如果他持有股票並堅守誓言，那麼，他在1975至1976必定拿到了補償，並且在五年內可以獲得平均15%的報酬率。
　　　　　　　　——華爾街院長　班傑明‧格拉罕（Benjamin Graham）

買股票需要多少錢？

聽到街坊鄰居在說，XX 股最近漲很多，可以買，心動的你一定會問，那 XX 股多少錢？熱心的鄰居說，只要 24 元，你一定會納悶，24 元？怎麼那麼便宜！究竟 24 元代表什麼意思呢？

計算一張股票需要多少錢？

其實，我們每天聽到的股票報價，是投資人買賣「一單位股份」股票的交易價格，因此，投資人如果要買賣「一張」股票，那麼「一張」股票就等於1,000股，所以，投資人在交易時，只要將報紙上或電視上的「報價」乘上1,000，就可以算出你買賣這張股票必須支付的總價。

實例 1

聯電股價為每股 **23.95** 元，買進聯電股票一張，你必須準備：
23.95 元 ×**1,000** 股 =**23,950** 元

實例 2

大立光股價為每股 **3,900** 元，買進大立光股票一張，你必須準備：
3,900 元 ×**1,000** 股 =**3,900,000** 元

低、中、高價位之股票價格與投資所需資金			
股價（元）	舉例個股	股價（元）	買進一張股票所需金額（元）
0～10	2409友達	9.81	9,810
10～50	2303聯電	23.95	23,950
50～100	2317鴻海	81.40	81,400
100～500	2330台積電	419	419,000
500～1000	2454聯發科	680	680,000
1000以上	3008 大立光	3900	3,900,000

資料來源：證券交易所；資料日期：2020／08／12

　　買「高價股」並非意味一定賺錢，投資「低價股」也不一定會賠錢，賺賠與否，端視投資人進場的時點而定。但「高價股」多表示其營運實力與前景均被看好，投資人願意以高價持有，而「低價股」可說是相對較不受青睞的公司，投資人只願意用較低的成本持有這些「低價股」。但「高價股」常有市場瘋狂追高、過分拉抬的風險，進場投資者可能會因買貴了而承受損失；而「低價股」也有可能因為股價被低估，投資人進場反而賺到一波。所以，投資「高價股」或「低價股」，除了必須視自己的財力而定之外，也必須理性檢視「公司的合理價格」，才能清楚判斷自己是否買貴了。

Story 一張股票600萬元的天價股王

　　一張股票值600萬元，你能想像嗎？這張股票發行者就是大立光電（3008）！大立光自2012年起便蟬聯台股股王寶座多年，它的歷史天價出現在2017年8月25日，盤中一度漲到6075元，最後收在6000元。其實每個時期的股王，都是當時明星產業的代表，像是1989年的國泰金（1975元／張）、1997年的華碩（890元／張）、2002年的聯發科（783元／張）、2011年的宏達電（1300元／張）等。

　　不過，景氣總是起伏循環，產業間也持續汰弱留強，唯有維持競爭力，經得起考驗的企業，才能永保高價優勢。

我適合買股票嗎？

　　股票價格每天都在變動，而且一有多空消息傳出，就必須面對股價「暴漲暴跌」的狂喜或壓力，因此，台灣股票市場的投資人，必須要有「聰明的頭腦」、「理性的投資心態」與「強壯的心臟」，以免股價一出現短線的波動，就會亂了投資步調，做出不理性或令自己後悔的投資決定。

■ 透過自我評量表，來分析自己究竟適不適合投資股票：

<table>
<tr><td colspan="3" align="center">自我評量</td></tr>
<tr><td colspan="3">請依照下列問題勾選答案，計分方式：□是→1分，□否→0分</td></tr>
<tr><td>評量類別</td><td>問　題</td><td>選　項</td></tr>
<tr><td rowspan="4">投資心態 ♥</td><td>1.我買股票是要成為該公司的股東，參與他的成長</td><td>□是 □否</td></tr>
<tr><td>2.我買股票不是想要一夕致富</td><td>□是 □否</td></tr>
<tr><td>3.我買的股票突然大漲或大跌，我不會緊張兮兮或睡不著覺</td><td>□是 □否</td></tr>
<tr><td>4.看到別人買到一直漲的股票，我不會隨便跟進</td><td>□是 □否</td></tr>
<tr><td rowspan="4">專業能力</td><td>1.經過閱讀、請教專家，我已經對「股票」這項工具有基本的了解與認知</td><td>□是 □否</td></tr>
<tr><td>2.我可以自己讀懂財經媒體上的報導、證券商的研究報告、與公司的財務報表</td><td>□是 □否</td></tr>
<tr><td>3.我可以清楚地了解，自己所投資的公司所生產的產品以及前景潛力</td><td>□是 □否</td></tr>
<tr><td>4.我的股票大漲或大跌，我可以明白原因，或自己找出為何大漲或大跌的理由</td><td>□是 □否</td></tr>
<tr><td rowspan="5">用功程度</td><td>1.我有恆心毅力去觀察、分析我所投資的股票</td><td>□是 □否</td></tr>
<tr><td>2.我有恆心毅力去了解目前台灣經濟的景氣狀況</td><td>□是 □否</td></tr>
<tr><td>3.我會自己上網、到書店，擷取最新的財經資訊</td><td>□是 □否</td></tr>
<tr><td>4.我很有興趣參加投資顧問公司所舉辦的投資趨勢說明會</td><td>□是 □否</td></tr>
<tr><td>5.我不是那種忙到沒有時間看一看我的股票現在如何的那種人</td><td>□是 □否</td></tr>
<tr><td colspan="3" align="right">總分＿＿＿＿＿＿分</td></tr>
</table>

結果分析	
9～13分	你相當適合投資股票
4～8分	你適合投資股票，不過要調整好心態，並比別人更用功
1～3分	你較不適合投資股票

若你沒辦法承受賠錢的壓力，賠一點點錢都不行，就不要勉強自己投資股票。

Quote

假使我瞭如指掌的個股都不能替我賺到錢，難道還想指望從一竅不通的類股上獲利？

——華倫・巴菲特（Warren Buffet）

19

如何第一次買股票就上手？

　　第一次買股票一定會有相當多的疑問，該買哪一檔股票？該去哪裡買？什麼時候該賣股票？買股票可以賺多少錢？種種的疑惑，可以透過完整的投資規畫與準備，按步驟一一檢視、完成，只要建立好自己的投資股票流程規畫，理性投資人總是可以比「無規畫」、「隨波逐流」的非理性投資人，有更好的獲利機會與投資經驗。

第一次投資股票的 7 大步驟

Step1 認識自我

　　較膽小的保守型投資人，不能鎖定高波動性的科技股做投資；積極的投資人，就可以投資較多閒置資金在高科技或中小型股票中。其實，每一檔個股都有他的個性，有些活潑，有些穩重，因此，認識自我是相當重要的，了解自己的投資個性，才能選擇出最適合自己個性的「麻吉」股票，這樣的投資過程才可控制，才可期待。

Step2 了解股票本質，並建立正確的投資態度

　　投資之前當然得先明白股票的本質，同時建立正確的投資態度，比如說，「投資不投機」、「不道聽塗說」、「不追漲殺跌」、「摒除貪念」等，做個聰明理性的投資人。

Step3 設立投資目標

　　投資人必須先想清楚，買股票是為了什麼，是為了十年後的退休生活，還是兩年後的旅行計畫？唯有設定了投資目標，才能有完整的投資規畫與期待，也不會因為股價的短線波動而亂了陣腳。

Step4 善用資訊、認真研究

投資前必須做好功課、仔細研究，才能選出一檔好股票，找出最佳的進場時點。

Step5 選定股票、決定買進時機

選定好股票、決定進場時點後，便該進場了，這時還必須考量到自己的投資目標，是要選擇短線強勢股，還是長期投資穩健績優股？此外，還須衡量投資金額，要買一張、還是數張股票？

Step6 檢視成果

建議投資人不用每天看盤，也不用緊盯自己的股票表現，反倒必須定期檢視所投資公司的營收獲利表現，以及產業與總體經濟消息，以聰明判斷股價漲跌的合理性。

Step7 觀察賣出時機、決定賣出

投資一段期間之後，若股票價格已達自己當初所設立的損益點，或是整體經濟或產業景氣狀況出現大幅變化，這時最好盡早觀察最佳賣出時機，再視自己的財務狀況，決定賣出的張數。

什麼是股市與股票？

　　想知道股票的真面目？變幻莫測的股票市場究竟暗藏何種玄機？到底股市的參與者有誰？分別來自何方？又扮演著何種角色？而股票的種類又有多少？買股票到底靠什麼賺錢？風險何在？所有有關股票與股市的面貌，都將在此篇揭露，相關問題也將一一釐清。

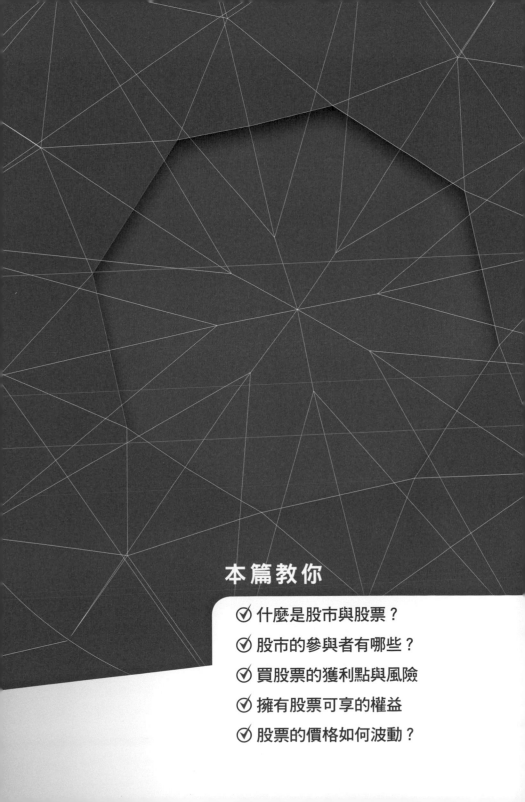

本篇教你

☑ 什麼是股市與股票？

☑ 股市的參與者有哪些？

☑ 買股票的獲利點與風險

☑ 擁有股票可享的權益

☑ 股票的價格如何波動？

為什麼會有股票的誕生？

買股票可說是一項全民運動，不管你有沒有買過股票，對「股票」二字一定不會陌生。不過，為什麼有「股票」？其實，股票對一般公司而言，是相當普遍的集資工具。比方說，小李想成立一家A公司，可是資金不足，於是向好友小林、志明、阿強籌資，對出錢者的好處是，當公司賺錢時可享有分配盈餘的權利，不過，一切口說無憑，A公司便會以每個人出錢的比例，發給憑證做為證明。而這些出錢的人稱為股東，A公司給的憑證就是「股票」，於是，股票對於這些出錢者而言，便成為一項投資工具。

股票的作用

從發行股票的「公司」角度來看，股票是用來辨別投資人出了多少錢？未來可以享有多少股東權益的的憑證；而從「投資人」的角度來看，股票是一項有價證券，也是一種投資工具，買了股票便成為該家企業的股東之一，藉此享有公司的成長利潤，或是透過買賣動作進行投資套利。

新公司成立需要資本　　發行股票　　投資人

出錢

INFO　股份有限公司必須給投資人股票

依照公司法規定，只要是通過主管機關核准設立的股份有限公司，也就是由一定人數以上的股東出資所組成的公司，都必須印製股票，交給投資人持有，而股東以股票為憑，可享有各種股東權益。

公司發行股票集資流程

再以小李成立公司為例，除了小林、志明、阿強，另外還找了灰灰集資成立公司。

Step1 這五人共同成立易博士電腦公司，每人各出資200萬，資本額共1,000萬。

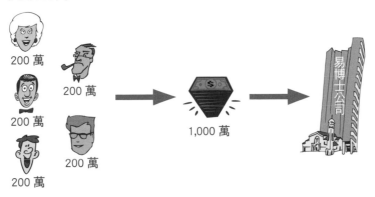

Step2 五人各擁有1／5的易博士公司所有權。如果公司賺了100元，原則上，每人可以分到20元。

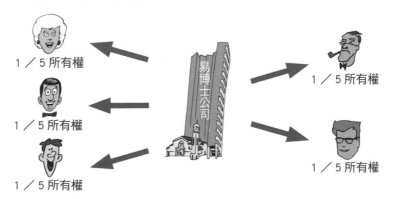

Step3 易博士依法令規定發行股份100萬股，每股面額10元，由小李、小林、志明、阿強、灰灰各分1／5即20萬股，5人正式成為易博士公司股東。

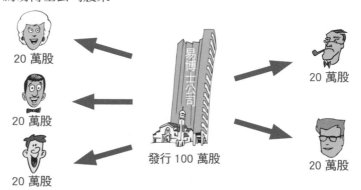

Step4 易博士公司經營狀況良好，獲利亦佳，已經符合申請股票上市交易標準，股東們決定申請上市交易。

Step5 易博士公司在×月×日正式在股票市場中公開掛牌交易。

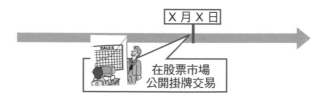

Step6 五位大股東分別釋出手中一部分的股票到股票市場中賣出，以換取利潤，因此一般投資人也可以在股票市場中買到易博士公司股票，成為易博士公司的股東。

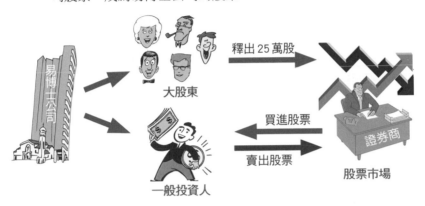

Step7 往後易博士公司的盈餘，也會視各股東持有股份的比例，平均分配到各股東手中。

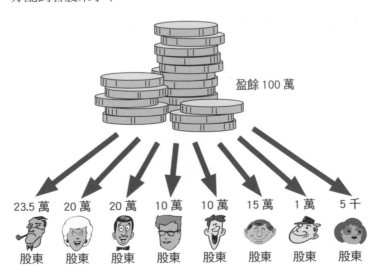

什麼是股市？

　　聽過「股票」的人，也一定知道「股市」。顧名思義，股市就是股票市場，也就是讓大眾買賣、交易股票的公開市場。想要投資某家公司的投資人，可以到股票市場中尋寶；想要出脫手中股票換取現金的人，也可以到股票市場賣出股票。就在這一買一賣之間，讓股票市場順利運作。

股市的由來

　　一般人在股票市場能夠直接買到喜歡的公司股票，成為這家公司的股東；或是在不想投資時，也能在股票市場賣掉股票，免去公司股東的身分。而公司也能透過在股票市場交易流通股票，讓公司經營者的資金更有流動性，或藉此能尋求更多股東的認同，加入經營公司的未來。

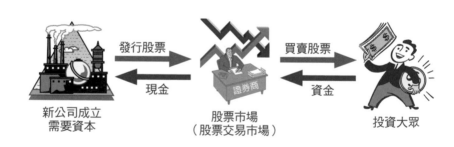

發行股票　　　　　　　　買賣股票

現金　　　　　　　　　　資金

新公司成立　　　　　　股票市場　　　　　　投資大眾
需要資本　　　　　　（股票交易市場）

INFO　股票市場流通性的重要

如果股票市場的交易簡便，政府對交易的限制也降到最低，這樣便能提高一般大眾對股票的投資意願；大眾的投資意願提高了，公司集資更為方便，公司便能有靈活的財務彈性，經營也會更有效率；各大公司經營狀況良好，獲利提高，經濟景氣便能更加繁榮。

台灣股市的分類

　　台灣的股票市場因為交易的股票種類不同，還可分成不同的股票市場：

初級市場與次級市場

- 初級市場就是新股票的交易市場，新上市公司將股票賣給投資人，就是在初級市場中完成的。
- 次級市場就是舊股票的交易市場，那些向新上市公司買到股票的投資人，便是在次級市場賣出手中持股。一般投資人買賣股票，都是在次級市場中交易居多。

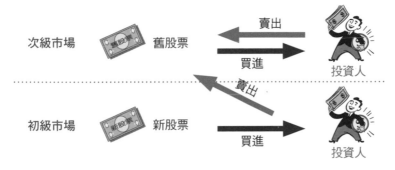

集中市場、店頭市場與未上市市場

- 集中市場聚集了所有符合上市標準的股票，統一在證券交易所集中競價買賣。
- 店頭市場是指已公開發行公司，但不在集中交易市場買賣，而是在證券商營業櫃台以議價方式進行交易上櫃股票、興櫃股票、已上市零股買賣的市場，又稱為櫃檯買賣，英文簡稱為OTC。
- 未上市市場，則是囊括了所有未上市上櫃的公司，投資人僅能私下透過盤商仲介，或自行找買賣家進行交易，股票也沒有公開的報價，僅有各盤商提供的參考報價。

台灣的股市有哪些參與者？

　　股票市場是買賣股票的地方，在市場中活動的角色包括：提供股票的「公司」、真正參與交易的「投資人」、服務投資人的「證券商」，以及管理交易秩序的「主管機關」。這些參與者在股票市場，安分地扮演好自己的角色，發揮自己的功能，股票市場才能機能完整地正常運作。

■ 股票市場參與成員關係圖

　　把這些角色相互串聯起來，可以清楚呈現看出各個參與角色彼此的關係。

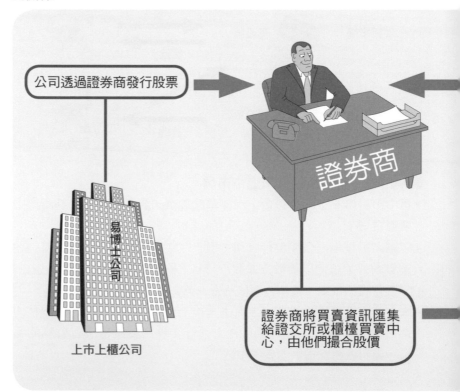

公司透過證券商發行股票

易博士公司

上市上櫃公司

證券商

證券商將買賣資訊匯集給證交所或櫃檯買賣中心，由他們撮合股價

金融監督管理委員會－證券期貨局

職掌台灣資本市場的監理，包括證券發行、證券交易、證券商管理等都在其管轄範圍。

投資人在證券商完成開戶、買賣股票

投資人

證交所或證券櫃檯買賣中心

31

證期局

　　證期局全名為「證券期貨局」，又簡稱「證期局」，其隸屬於金融監督管理委員會，為掌管、監督股票與期貨交易各項事務的主管機關。

　　因為證期局是股票市場的大總管，臺灣證券交易所、櫃檯買賣中心、證券商、投信、投顧等股市交易成員，都歸證期局監管，換句話說，這些股市交易成員有任何不法情事，證期局都會負責調查懲辦，而臺灣證券交易所、櫃檯買賣中心審核公司可否上市上櫃交易，也要證期局核准才算數。

證期局監管對象

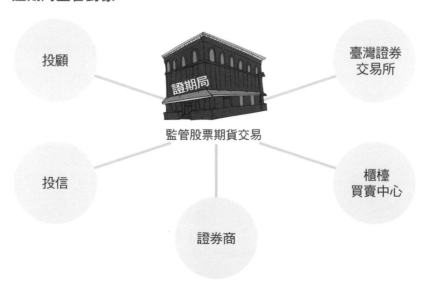

投顧

臺灣證券
交易所

證期局

監管股票期貨交易

投信

櫃檯
買賣中心

證券商

證期局在股市中扮演的角色

　　證期局是股票市場的大總管，維持股票市場的秩序與效率，是大總管最重要的工作。

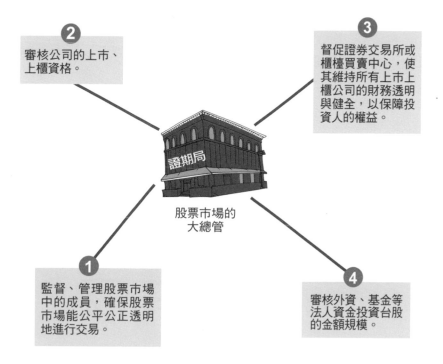

2 審核公司的上市、上櫃資格。

3 督促證券交易所或櫃檯買賣中心，使其維持所有上市上櫃公司的財務透明與健全，以保障投資人的權益。

證期局

股票市場的
大總管

1 監督、管理股票市場中的成員，確保股票市場能公平公正透明地進行交易。

4 審核外資、基金等法人資金投資台股的金額規模。

證期局的聯絡方式

電話：（02）8773-5100、（02）8773-5111

傳真：（02）8773-4143

網址：http://www.sfb.gov.tw

地址：106237 台北市大安區新生南路 1 段 85 號（捷運：忠孝新生站 7 號出口）

服務時間：上午 8:30 至下午 5:30

證券交易所

全名為「臺灣證券交易所」，簡稱「證交所」，民國51年成立至今，仍是台灣唯一的證券交易所，同時也是台灣唯一提供股票撮合交易的機構。證交所純粹是服務性質，本身並不碰股票的買賣交易，只負責提供大家一個買賣股票的場所與設備。

證交所中的「有價證券上市審議委員會」還負責審議各企業是否符合上市標準，所以證交所擁有上市企業的財報資訊與一切證券交易訊息。想要知道上市公司的最新動態？各大上市公司會到證交所舉辦重大訊息說明會，可以從中一窺究竟。

證券交易所在股市中的角色

證券交易所是股票買賣的場所，也提供所有股票交易所需的設備與服務。

① 提供上市股票價格撮合與交易的場所與設備。

② 審核、監督公司的上市或下市。

③ 監督並提供上市公司的各項訊息。

④ 記錄並提供集中市場的股價變動、法人動態等。

股票買賣的交易場所

證券交易所的聯絡方式

電話：（02）8101-3101
臺灣證券交易所投資人服務中心專線：（02）2792-8188
網址：http://www.twse.com.tw
地址：110615 台北市信義區信義路 5 段 7 號 3 樓、9 至 12 樓、19 樓

臺灣集保

全名為「臺灣集中保管結算所股份有限公司」，簡稱「集保」，是合併原先的「臺灣證券集中保管公司」及「台灣票券集中保管結算公司」而成的單位，是股票、債券、票券的整合結算交割保管平台。舉凡股票發行者發行無實體股票時要登錄與交付股票、股票買賣時的保管與結算交割、或是股東會的e化電子投票平台，都由臺灣集保來負責。

臺灣集保在股市中扮演的角色

臺灣集保是股票的保管結算中心，為投資大眾保管無實體股票，讓股票交易更為便利。

❶ 為投資人開立「集保帳戶」，使其能完成股票交割買賣。

❷ 提供上市上櫃市場中股票的集中保管功能。

股票市場的保管中心

臺灣集保的聯絡方式

電話：（02）2719-5805
傳真：（02）2719-5403
網址：http://www.tdcc.com.tw
地址：105401 台北市松山區復興北路 363 號 11 樓

證券商

　　證券商是最為大家所熟知的股市一員，一般投資人最常接觸的也是證券公司，投資人常在證券公司開戶，透過證券商仲介買賣股票，街頭巷尾也常見××券商的招牌林立。證券商在股市的角色，簡言之，便是企業與投資人間的橋樑，更像是股市中的一個通路商，主要功能便是方便消費大眾買賣股票，投資人可以直接到附近的證券公司看盤、買賣，證券商則會替你辦好一切買賣股票事宜。

證券商在股市中扮演的角色

　　證券商是股市的服務員，直接為投資人提供各種股票買賣的服務。

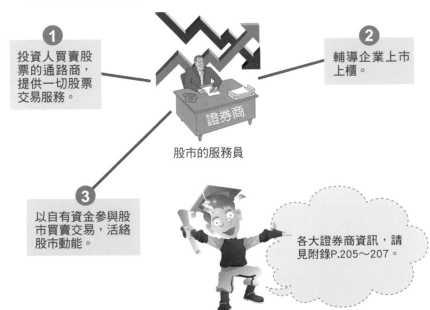

① 投資人買賣股票的通路商，提供一切股票交易服務。

② 輔導企業上市上櫃。

股市的服務員

③ 以自有資金參與股市買賣交易，活絡股市動能。

各大證券商資訊，請見附錄P.205～207。

證券商的種類

證券商因業務分工，可以細分成4大類型：

證券商的種類

1.經紀商
俗稱「號子」，也就是居間幫投資人買賣股票的證券公司，大型的號子有股市報價功能電視牆，給投資人看盤。

2.承銷商
主要功能為輔導企業上市上櫃，並替上市或上櫃公司發行股票。如果投資人要買公司發行的新股票時，就必須找這類型的證券公司。

3.自營商
主要用自有資金投資股市，賺取投資差價。一般所稱的投資法人族群中，其一便是證券自營商。

4.綜合證券商
同時經營以上三種業務的證券商，便可躋身綜合證券商之列。

INFO 某些證券商並沒有「股票」交易的相關服務

截至2020年7月底止，台灣的證券商共計71家，如加計「分公司」則達809家，但並不是每一家證券商都有提供個別投資人股票買賣服務，像美林證券以法人業務、承銷有價證券為主，也不接受客戶當面委託交易，所以未設營業廳。

證券金融公司

　　證券金融公司是股市的重要催化者。投資人如果資金不足時，便可以向證金公司借錢買股票（又叫融資）；投資人若看壞某一股票未來表現，還可以向證金公司借股票來賣（又叫融券）。這樣借資借券的投資動作，便是股票市場的信用交易，透過投資者的「信用擴張」，讓股市更為活絡。

證金公司在股市扮演的角色

　　證金公司是股市投資人的金主，提供資金與股票讓投資人買賣。

證券金融公司

❶ 提供投資人融資融券的信用交易業務。

❷ 為活絡股市的重要催化劑。

股票市場的借貸中心

證金公司網站

元大證金，是全台唯一證券金融公司。
公司網站 www.yuantafinance.com.tw

一般投資人

股票市場中，主要交易者可以概分為「機構法人」與「散戶」，這裡所稱的「一般投資人」，就是經常耳聞的「散戶」。台灣的散戶是股票市場中的主要交易者，常占每天股市成交量的六、七成左右。

一般投資人的種類

散戶因為資金規模與交易特性不同，還可以分為「一般散戶」、「中實戶」與「股友社／股友社團」。

● 一般散戶

對於那些自己看盤、下單交易的投資個人，都泛稱為一般散戶。過去有一群人，特別是家庭主婦，經常耗在號子（證券商營業大廳的俗稱）裡看盤，沒有什麼專業投資能力，可投資的金額也不大，而且樂於傳遞小道消息，跟著股市起舞，這些人常被泛稱為「菜籃族」。

● 中實戶

對於那些資金實力較雄厚（交易金額約在新台幣一千萬元以上），都可以泛稱為股市中的中實戶。這些人不是投資經驗老到，便是本身或親友擁有上市上櫃董監事、大股東身分，常有許多內線消息，增加其獲利的機會與空間，是股市中的常勝軍。

● 股友社／股友社團

一些散戶或中實戶聚集在一起成立特定團體、或由ＸＸ投顧的老師在電視網路上號召加入會員、或網路上常見的股友版、臉書投資社群，都可概稱為股友社。有些股友社強調有專家、高手或老師分享投資訊息，加入須付費；有些股友社團純粹是投資老手分享資訊、正派經營，加入不一定需付費，可從中獲取不少財經資訊與前輩的經驗。

通常標榜「保證獲利」、或「特別喊進某檔股票」的股友社團，風險特別高，當群眾受到鼓動一起追捧炒作某檔個股時，股價隨之攀高，但如沒有基本面的支持，股價終將崩落，最後才進場者也只能認賠殺出了。

一般投資人在股市中的角色

參與股票投資。

股市的主要資金動能。

INFO　投資人保護中心

全名為「財團法人證券投資人及期貨交易人保護中心」，與證券交易有關的諮詢、申訴、爭議調處，遇到糾紛時的團體訴訟或仲裁求償，都可以在這裡得到協助。

1. 網址：http://www.sfipc.org.tw
2. 投資人服務專線：（02）2712-8899
3. 地址：105401台北市松山區民權東路3段178號12樓
4. 服務時間：上午9:00至下午5:00

投信

　　全名為「證券投資信託公司」，又
稱「投信公司」、「基金公司」，主要
乃匯集投資大眾的資金，交給專業基金
經理人操作管理，為投資大眾賺取最大
收益。對於不諳股票投資的大眾，有愈
來愈多人將資金投入「共同基金」，讓
基金經理人為自己操盤買賣股票，而投
信公司若募得一個新的台灣股市基金，也常能為股市帶來資金行情。

投信公司在股市扮演的角色

　　投信公司是投資人的資金管理者，協助將投資人的資金投入股
市，賺取利潤。

- 募集大眾資金，以投資股市。
- 管理大眾的資金。

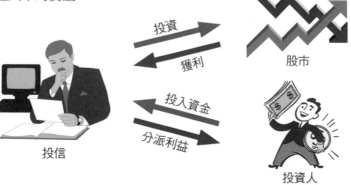

證券投資信託暨顧問商業同業公會的聯絡方式

電話：（02）2581-7288
網址：http://www.sitca.org.tw
地址：104088 台北市中山區長春路 145 號 3 樓

外資

簡言之，外資就是國外法人或自然人投資股市的資金。外資動態常是投資人關注的焦點，主要是因為外資投資常依據海外研究機構的推薦進出股市，而海外研究機構的實力又相當堅強、團隊素質也相當優異，這些進出動作也就具參考價值。在「外國月亮比較圓」的心理預期下，常見散戶跟著外資動作殺進殺出，希望能夠在「外資」的背書下，擁有更高的獲利機率。

外資的種類

外資（外國投資人）可分為「境外外國投資人」及「境內外國投資人」兩大類別，臺灣證券交易所針對每檔個股，每日皆會揭露外資持有比重，投資人如想參考外資投資方向，可觀察哪一家上市公司的外資持股比例較高，或是留意近期外資是否有大量買進或賣出哪檔股票。

證券代號	證券名稱	國際證券編碼	發行股數	外資及陸資尚可投資股數	全體外資及陸資持有股數	外資及陸資尚可投資比率	全體外資及陸資持股比率	外資及陸資共用法令投資上限比率	陸資法令投資上限比率	與前日異動原因（註）	最近一次上市公司申報外資及陸資持股異動日期
2302	麗正	TW0002302007	166,302,881	159,236,707	7,066,174	95.75	4.24	100.00	100.00		109/06/24
2303	聯電	TW0002303005	12,422,401,493	6,205,656,896	6,216,744,597	49.95	50.04	100.00	100.00	4	109/09/17
2329	華泰	TW0002329000	557,114,533	396,166,995	160,947,538	71.11	28.88	100.00	100.00		109/09/04
2330	台積電	TW0002330008	25,930,380,458	6,177,338,263	19,753,042,195	23.82	76.17	100.00	100.00		109/05/25
2337	旺宏	TW0002337003	1,856,301,702	1,649,568,397	206,733,305	88.86	11.13	100.00	100.00		109/08/18
2338	光罩	TW0002338001	252,713,611	251,499,490	1,214,121	99.51	0.48	100.00	100.00		109/05/26
2342	茂矽	TW0002342003	156,186,144	148,887,204	7,298,940	95.32	4.67	100.00	100.00		109/08/19
2344	華邦電	TW0002344009	3,980,000,193	3,309,303,724	670,696,469	83.14	16.85	100.00	100.00		109/06/10
2351	順德	TW0002351004	182,140,249	156,850,192	25,290,057	86.11	13.88	100.00	100.00		109/05/06
2363	矽統	TW0002363009	554,062,477	517,942,175	36,120,302	93.48	6.51	100.00	100.00		109/04/23

資料來源：臺灣證券交易所首頁→【交易資訊】→【三大法人】→【外資及陸資投資持股統計】（分類項目：半導體業）

網址：https://www.twse.com.tw/zh/page/trading/fund/MI_QFIIS.html

INFO 什麼是假外資？

外資其實也分為真假外資！在台灣有些投資客，為隱藏身分、規避投資規範或避稅目的，會以成立境外公司的方式，或是透過一家外資券商，將在台灣的資金匯出之後，再匯回台灣投資股市，稱為假外資。此投資行為是違法的，被查獲會直接被註銷境外外國機構投資人（Foreign Institutional Investor, FINI）的帳戶。

外資在股市扮演的角色

• 股市的交易者。
• 進出股市的重要參考指標。

外資持股資訊查詢

「臺灣證券交易所」每日揭露的外資持股資訊，像是外資及陸資買賣超彙總表、外資及陸資投資持股統計、外資及陸資持股前 20 名彙總表。有興趣者可以到以下網頁查詢：臺灣證券交易所首頁（www.twse.com.tw）→【交易資訊】→【三大法人】

股票長什麼樣子？

　　2011 年 7 月底台灣證券市場已完成上市上櫃股票全面無實體，股票的交易都是採集中保管、帳簿劃撥方式，買賣細節都記錄在投資人的「證券存摺」中，現在要看到實體股票的機會愈來愈少了。雖然如此，相信不少投資朋友仍想知道實體股票長怎樣？以下簡單介紹。

股票就是長這樣

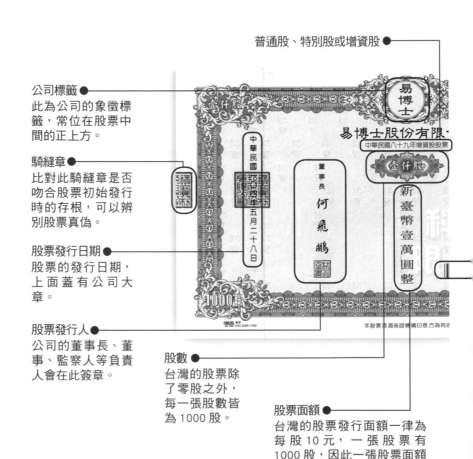

普通股、特別股或增資股 ●

公司標籤 ●
此為公司的象徵標籤，常位在股票中間的正上方。

騎縫章 ●
比對此騎縫章是否吻合股票初始發行時的存根，可以辨別股票真偽。

股票發行日期 ●
股票的發行日期，上面蓋有公司大章。

股票發行人 ●
公司的董事長、董事、監察人等負責人會在此簽章。

股數 ●
台灣的股票除了零股之外，每一張股數皆為 1000 股。

股票面額 ●
台灣的股票發行面額一律為每股 10 元，一張股票有1000 股，因此一張股票面額為「新台幣壹萬元整」。

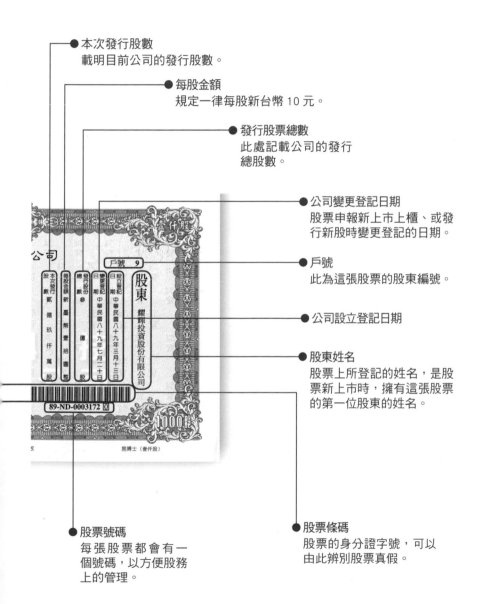

● 本次發行股數
載明目前公司的發行股數。

● 每股金額
規定一律每股新台幣 10 元。

● 發行股票總數
此處記載公司的發行
總股數。

● 公司變更登記日期
股票申報新上市上櫃、或發
行新股時變更登記的日期。

● 戶號
此為這張股票的股東編號。

● 公司設立登記日期

● 股東姓名
股票上所登記的姓名,是股
票新上市時,擁有這張股票
的第一位股東的姓名。

● 股票號碼
每張股票都會有一
個號碼,以方便股務
上的管理。

● 股票條碼
股票的身分證字號,可以
由此辨別股票真假。

股票本文內容:

戶號 9

股東

耀輝投資股份有限公司

股立登記 日期 中華民國八十九年三月十三日

變更登記 日期 中華民國八十九年七月二十日

總發行股份數 參 億 股

明記金額 新臺幣壹拾圓整

本次發行股數 貳 億 玖 仟 萬 股

89-ND-0003172 0

壹仟股

1000股

易博士（壹仟股）

股票的分類

　　目前台灣上市、上櫃，再加上興櫃的股票已經超過千檔，未上市股票更是不可數。這些琳瑯滿目的股票中，其實還分成好幾種不同類型，各有不同的投資風險與特性，雖然投資人買賣股票時，最關心的還是賺不賺錢，但若是沒搞懂自己所投資的股票種類，就更難去預期投資賺錢的可能性，只能全憑運氣了。

> ## 以公司法規定區分
> ➡ **普通股與特別股**

　　特別股與普通股最大的不同，在於特別股在公司有股利要分派或公司遭到清算時，特別股股東有優先分派的權利，但特別股股東通常沒有選舉董監事的權力。特別股在台灣的發行其實並不普遍，多數我們耳聞的股票，均是普通股。

> ## 以交易市場區分
> ➡ **上市股、上櫃股、興櫃股、創櫃股、**
> 　**未上市股、全額交割股**

　　依據不同掛牌門檻、交易市場，區分成這些股票，各有不同的公司設立年限、獲利能力、股權分散等條件，投資風險也相異。另外，上市上櫃股也可能被打入「全額交割股」，詳情於後說明。

1. 上市股票

這些股票都在「臺灣證券交易所」的集中市場撮合交易，是上市掛牌標準最嚴格的公司之股票，無論是資本額、設立年限、獲利能力與股權分散性，都比上櫃及未上市公司要佳，因此，許多知名企業多是屬於上市股。

上市股並非意味無風險，有些上市公司後來經營不善，也會施以下市停止交易的處置，這也就是所謂的「地雷股」。

2. 上櫃股票

這些股票統一在「中華民國證券櫃檯買賣中心」提供的店頭市場中交易。上櫃股票的申請掛牌資格門檻比上市股要低，因此，這類的股票多是新興產業與企業，或是中小型公司為主。而且公司需先申報上櫃輔導、或於興櫃交易滿六個月，才能申請上櫃。

3. 興櫃股票

比起上櫃股票，興櫃股票在公司規模、設立年限、財務要求、股權分散等均無設限，只要公開發行股票、並有二家以上證券商推薦輔導、按規定向櫃買中心提出興櫃申請獲核准後，便可開始進行興櫃股票買賣。

4. 創櫃股票

創櫃板的主要定位，在於提供具創新、創意構想的非公開發行微型企業一個「創業輔導籌資機制」，並提供「股權籌資」功能、但不具公開交易功能。一般投資人如想投資創櫃股票，需在櫃買中心的創櫃板公司籌資系統確認「風險預告書」後才能認購，且投資限額為近一年內累積認購創櫃板股票不超過15萬元臺幣。

5. 未上市股票

泛指那些還未上市上櫃、也尚未成為興櫃、創櫃的公司股票。又可分為「已公開發行」、「未公開發行」兩種，前者可在市場中自由買賣，後者僅能私下交易，兩者的交易資訊都不如上市上櫃股票透明，流動性變現性都不佳。

很多人想買未上市股票，無非是想等公司上市上櫃後能大賺一票，但苦候多年卻等不到，想脫手也賣不掉，等同買到壁紙一張，風險相當大。

6. 全額交割股

上市上櫃公司因為經營不善、發生財務危機或重大舞弊、出現退票情形、未能按規定公布財報，這些股票就會被打入「全額交割股」，買賣雙方都須銀貨兩訖、預先收足款券，證券商才會幫投資人買賣申報並撮合價格，但很多時候投資人是想賣卻賣不掉。

要避開全額交割股，可以到臺灣證券交易所首頁→交易資訊→變更交易；或是櫃買中心首頁→上櫃→盤後資訊→變更交易、分盤交易、管理股票與停止交易資訊，就可以查看全額交割股。

簡單來說，這些股票的投資風險「由小到大」分別為：上市股＜上櫃股＜未上市上櫃股（興櫃股＜創櫃股＜未上市股）

台灣公開發行公司股票發行現況

	家數	市值（台幣）
上市公司	944	35.38兆
上櫃公司	776	3.72兆
未上市未上櫃* 興櫃公司 創櫃公司	670 250 91	NA
分盤交易 （全額交割股）	23	285.21億**

資料日期：2020／06／30

資料來源：金融監督管理委員會-證券期貨局市場重要指標

*包含興櫃公司

**以上市面值計

買股票要怎麼賺錢？

投資主要目的在於賺錢獲利。當你願意投資一家公司的股票，一定是預期這家公司營運樂觀，盈餘表現將會不錯，身為股東，可以分到一些利潤；或是，你預期這家公司的股價未來將有上揚的機會與空間。這兩個預期心理，已經點出了投資股票將伴隨而來的獲利來源。

股票的主要獲利來源

「股利」（股票股利與現金股利）與「價差」，是投資股票最主要的獲利來源。

1.股利

所謂「股利」，就是公司每年結算盈餘狀況時，把公司一年來所賺的利潤，按持股比例分配給股東。但若公司不賺錢時，股東就很有可能完全領不到股利了。而公司在發放股利時，還分成兩種方式發放，一是「股票股利」，一是「現金股利」。

計 算 方 式

股票股利：公司所賺的錢，用等值的股票發給股東們。

公司將所賺的錢，用等值的股票發給股東們。易博士公司去年每股盈餘為 5 元，公司董事會決定這 5 元都用等值的股票發給股東，如果阿強持有一張易博士公司股票 1,000 股，因此阿強共可得到的股利為：

每股 5 元 ×1,000 股＝ 5,000 元

股票的面值為一股 10 元，阿強可以得到相當於 500 股的股票股利：

5,000 元 ÷10 元＝ 500 股

而阿強的持股總數將為 1,500 股：

1,000 股＋ 500 股＝ 1,500 股

現金股利：公司所賺的錢，用現金方式發給股東們。

公司將所賺的錢，用現金方式發給股東們。如果易博士公司去年每股盈
餘為 5 元。公司董事會決定這 5 元用現金發放給股東，如果阿強持有一
張易博士股票 1,000 股，公司每股賺 5 元，表示阿強總共可得到的股利
為：

每股 5 元 ×1,000 股＝ 5,000 元

至於阿強的股票總數則沒有任何異動，還是擁有 1,000 股。

2. 買賣價差（資本利得）

即股票一買一賣間所產生的價差。當市場對某檔股票的需求量大
於供給量，且股票的流通股數並沒有改變時，供給有限但需求一直增
加，便會使股票價格持續上揚，若投資人能夠提早看到這樣的趨勢低
買高賣，就能賺取其中的價差，通常，這部分也是股票投資人最夢寐
以求的獲利來源。

計 算 方 式

若小華投資城邦公司，買進一張城邦股票 1,000 股的價格為 50 元，六
個月後，城邦公司股價漲到 60 元，小華賣出股票，則小華此次股票投
資便賺取了：

（60 － 50）×1,000 股＝ 10,000 元（尚不計交易成本）

這就是來自股票買賣價差的獲利點。

買股票有風險嗎？

　　任何投資都有風險，股票投資的風險更是不能輕忽。當股市出現多頭行情時，許多人一夜致富；但當股市走空時，傾家蕩產的也不在少數。因此，進行股票投資時，一定要有足夠的風險意識，並了解任何投資決定的風險大小與風險型態，才能夠在理性投資下，期望合理的報酬，承擔可忍受的風險。

股票的風險

　　股票的風險概分為市場風險與非市場風險，兩種風險都非常需要小心留意。

1. 市場風險

　　又稱「系統風險」，泛指與整個市場波動相關連的風險。這種風險一旦出現，股市內任一股票都難倖免，多多少少會遭受波及，從政治、經濟、利率，到通貨膨脹等各種因素衍生而來的風險變數，都屬這類的系統風險。

　　全球性的市場風險如美中貿易戰、新冠肺炎疫情，台灣的市場風險如SARS風暴、兩岸情勢變化等。

次貸金融風暴

兩岸情勢變化

新冠肺炎疫情

SARS 風暴

歐債危機

美中貿易戰

2. 非市場風險

又稱「非系統風險」，這種風險與整體市場波動無關，影響層面也非全面性，屬於某一企業或某一行業特有的風險。像××公司傳出財務危機，且為單一獨立事件，××公司的股價勢必挫跌，使投資人手上的持股價值隨之縮減，但這單一事件並不會影響整體股市信心，也不會衝擊到其他個股，這類「公司倒閉風險」便是非市場風險。

個別公司的非系統風險，如經營不善獲利下滑甚至出現虧損，都會使投資該公司股票的股東們無法分配到期望的盈餘（如現金股利或股票股利），這類的非市場風險，可以透過分散投資標的之方式來減緩，投資標的數量、種類愈分散，非市場風險便愈低。

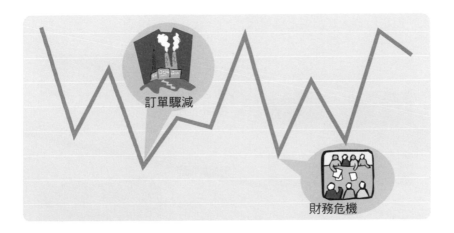

訂單驟減

財務危機

Story 新冠肺炎疫情衝擊下，台股寫下歷史新頁

新冠肺炎疫情在2020年肆虐全球、造成經濟重創，各地政府紛紛祭出降息撒錢等激勵政策，台股在全球資金狂潮、台積電買盤洶湧推升下，在7月28日寫下13031點的新高紀錄。

股票的價格

　　買賣一項物品時，需要知道該物品的價格，再決定是否要購買或賣出，股票投資也不例外。但麻煩的是，每檔股票都有三種價格，分別為「市價」、「淨值」與「面額」。到底要觀察哪一項價格走勢才是重點？這些價格會如何波動。投資前最好搞清楚這些價格的意義，以免做出錯誤的投資決定。

股票市價

　　大家最常討論的股價，通常是指股票的「市場價格」，這價格由市場的買賣雙方供需情況而決定，也就是投資人願意從市場中購買或與賣出某檔股票的實際成交價格。每天我們從報章雜誌看到的股票價格，就是指「市價」。因此，儘管某些股票面額只有10元，淨值20元，但是投資人在市場上必須要花到80元才能買得到。

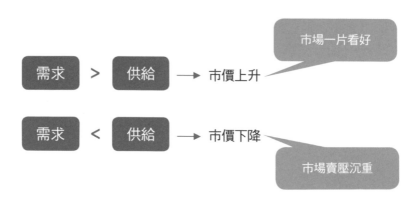

股票面額

是指股票發行時，股票上所印製的價格，過去上市公司股票面額固定為10元，2014年起台灣採「彈性面額」制度，不再有面額的限制，但多數公開發行公司仍以面額10元發行股票。

Story 首家變更股票面額的上櫃公司

2019年9月，上櫃公司長科（6548）將股票面額由每股10元變更為1元，是台灣股市中第一家變更面額的上櫃公司。

股票淨值

此指的是股票現階段的真實價值，又稱為「每股帳面淨值」，而這淨值主要是從會計師認證過的公司資產負債表計算得來，公司每一季會結算一次最新淨值，代表公司的淨資產總值。當股票淨值愈高，代表股東的權益愈高。

每股淨值 ＝（總資產－總負債）÷ 當期總發行股數

股價 > 淨值 ⟶ 價值高估 ← 股價漲升機會不大，不宜買進

股價 < 淨值 ⟶ 價值低估 ← 股價回升機會大，宜買進或有獲利機會

INFO 小心股票淨值的陷阱

公司的淨資產總值也會有資料不實或過時的風險，在景氣不佳時，很多公司因內部控制不佳，而發生淨資產遭個人掏空或發生乾坤大挪移的情事，像這樣的公司股價就很難用淨值來評估。

股票為何波動？

　　一般所稱的股價，指的是「市場交易價格」，只要股票有掛牌交易，就會有所波動，股價有波動，投資人才有獲利的空間，當然，也會有虧損的風險產生，因此，投資股票必須明瞭股票每日為什麼會波動，究竟又是為何而波動，每日波動的影響層面如何，都是相當重要的課題。

■ 股價供需關係走勢圖

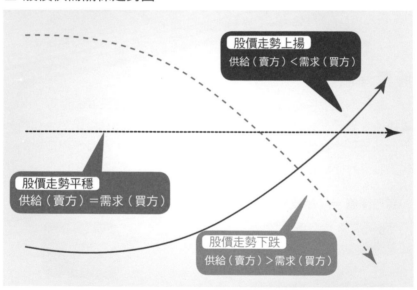

股價走勢上揚
供給（賣方）＜需求（買方）

股價走勢平穩
供給（賣方）＝需求（買方）

股價走勢下跌
供給（賣方）＞需求（買方）

　　當市場有愈來愈多人看好××股，表示想要投資，該股的需求一增加，價格也隨之上揚。但是由於股票的供給不會增加，發行在外總股數都是不變的（除非該公司再行增資發新股或配發股票出來），因此當市場普遍看好××股，在等待更好的賣出價格的惜售心理下，更會造成該股供給減少，需求超過供給，股價會不斷飆升，當股票價格漲到「買者不願再追高、賣者大多極欲脫手」之際，便是股價回落的時候了。

擁有股票的權益

　　如果你願意投資並擁有一家公司的股票，就代表你願意成為該公司的股東，你所擁有的股份愈多，代表你在該公司的影響力愈大。除此之外，股東其實還可以享有多項權利，因此，投資人除了每天期待自己手上的股票價格可以持續上漲之外，也不要輕忽身為股東應擁有的權益。

股票可享有的 5 大權益

　　股東可享有的權益還算不少，除了投資賺錢，投資大眾還會為了別的誘因成為公司的股東。

權益 1 企業利潤分享

　　公司會將去年度所賺取的盈餘，在今年度按股東的持股比例分配出去，原則上，公司賺愈多，股東也可以領得愈多。但實際上，並非公司該年度賺一千萬，便會把一千萬全部都分派給股東，公司還是必須提撥一定比例的保留盈餘，做為公司再投資的資本，或為不可知的未來預留老本。

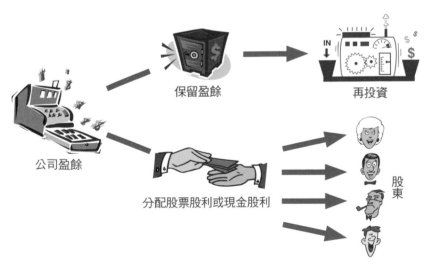

保留盈餘　　　　再投資

公司盈餘

分配股票股利或現金股利　　　　股東

57

權益 2　剩餘資產分配權

　　如果公司因經營不善使得財務遭到清算，股東可按持股比例分配公司所剩餘的資產。但必須注意的是，這些公司的剩餘資產，會先償還給債權人，再償還給特別股的股東，最後剩下的才會平均分配給普通股的股東。

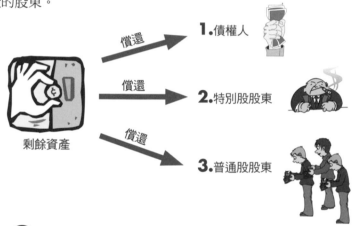

剩餘資產
償還　→　1.債權人
償還　→　2.特別股股東
償還　→　3.普通股股東

權益 3　出席會議權，參與公司決策

　　公司董事會每年應至少召開一次股東大會，並在會中提出年度報告與營業報告書、資產負債表、綜合損益表、權益變動表、現金流量表、主要財產目錄等表冊。股東可藉此參與公司經營，對公司有任何建議與不滿，也可以在股東會上提出，並檢查公司帳簿，以進一步督促公司經營者改善，若改善得宜，公司盈餘應會增加，股東也因此受惠。

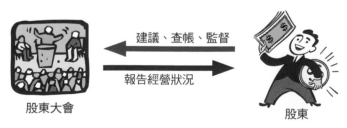

建議、查帳、監督
報告經營狀況
股東大會　　　　　股東

權益 **4** 優先認股權

　　當公司欲以現金增資發行新股時，原股東可依照持股比例優先認購。此辦法的目的是為維持原股東在公司的持股比例，以避免原股東的股權因為發行新股而遭到稀釋。

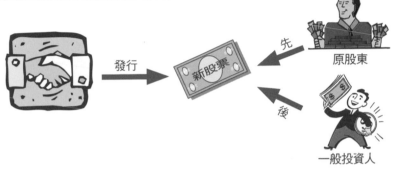

權益 **5** 領取股東會紀念品

　　多數公司會在股東會時期提供紀念品送給股東，股東們只要憑開會通知書，於上簽名或蓋章，就可以免費領取紀念品。景氣好時，甚至有公司送出照相機當紀念品，一度造成領取的人潮。

INFO　股東不須承擔公司的債務

若公司倒閉，而且還欠銀行一屁股債，這時，如果你還持有100張該公司的股票，你仍是該公司股東，但銀行無權向你索償，最糟的狀況不過是，你所擁有的100張股票全部變成價值為0的壁紙，公司與銀行都無權要求你以私人家當來償還公司的債務。

Chapter

3

如何選擇
我的第一張股票？

　　如何挑選出最值得投資的股票？是所有股票投資新
手共同的問題，因為上市上櫃股票種類眾多，攤開上市
上櫃證券名稱總覽，真的不知該如何下手！本篇將告訴
你，選擇第一張股票的祕訣，從基本面、技術面，到籌
碼面分析，以及熱門股、產業龍頭股，到轉機股篩選，
一步一步地挑選出最值得投資的股票，透過這一篇，你
將能夠輕鬆地選出獲利可期的潛力股。

本篇教你

- ⊘ 挑選標的的流程與關鍵
- ⊘ 選股基本分析
- ⊘ 選股財務分析
- ⊘ 選股技術分析
- ⊘ 選股籌碼與消息面分析
- ⊘ 由上而下選股

選定我的第一張股票

投資人的第一張股票非常重要，如果第一次投資能有好的經驗，將會為投資人帶來信心，也帶來更多可投資資金；如果第一張股票投資結果不佳，不但資金賠掉了，投資信心也會大受影響。而如何選擇第一張股票也是最為困難的，因為經驗不足，常有不知從何開始的困惑，但只要你跟著以下的指導原則，一步步設定、篩選自己的第一張股票，選對股票，投資就算贏了一半了。

挑選第一張股票 Step by step

Step1 設定期望報酬

在投資股票前先要清楚自己究竟屬於何種投資人，保守、穩健、或是積極？才能設定出合理的期望報酬。

Step2 初步篩選

目前台灣上市、上櫃股票千百檔，要從中挑出一檔股票，必須利用一些篩選標準，篩出一部分股票，再從中分析，挑選出精華。

Step3 蒐集資料與分析

要分析、篩選，就得先蒐集足夠的最新資料，再一一比對、分析。分析的角度包括基本面、技術面、籌碼面與消息心理面，透過這些分析關卡，才有辦法比較出前景最佳、潛力最大的股票，做為自己的第一檔股票。

Step4 選股

　　將資料蒐集、分析完成後，最重要的就是從中選出自己的第一檔股票。投資人可以透過「由上而下」（參見P.105）的選股方式來挑選。

Step5 決定

　　最後，我們可以由客觀完整的「選股評量表」來決定，究竟要挑選哪一檔個股，做為我們的第一檔幸運股票。

> **Quote**
>
> 股票投資就好比當紙上選美的評審，你必須由上百張照片中挑出六張最漂亮的面孔，如果選出的結果最接近全體評審的看法，就是贏家。
>
> ——經濟學家　凱因斯

設定期望報酬

　　除非投資工具是「穩賺不賠」的，不然，所有投資人在投資前都應具備足夠的風險意識。不同個性的投資人，可以承受的風險程度也不一樣，有些人願意背負賠光的風險去投資，有些人如果知道有賠光本金的可能，便會躊躇不前，或者根本不願意去嘗試。投資「股票」也是一樣，投資人必須要清楚自己的投資屬性，再進一步做投資決定。

投資人類型比較			
投資人類型	風險承擔能力	期望報酬率	設定股票投資的期望報酬
保守型	低（可承擔 ±0 ～ 10% 的波動幅度）	低	較定存利率稍高★
穩健型	中（可承擔 ±10 ～ 20% 的波動幅度）	中	與股票長期年平均報酬率相當★★
積極型	高（可承擔 ±30% 以上的波動幅度）	高	高於股票長期年平均報酬率★★

★2020年8月台灣銀行一年期定存固定利率為0.755%
★★2010～2019年台股年平均報酬率最差為-21.18%，最佳為23.33%

高報酬的投資商品一定伴隨著高風險，但高風險的投資工具不一定就會有高報酬。

2010～2019台灣股市平均年度報酬率										
年度	2010	2011	2012	2013	2014	2015	2016	2017	2018	2019
台股年平均報酬率（%）	9.58	-21.18	8.87	11.85	8.08	-10.41	10.98	15.01	-8.60	23.33

資料來源：臺灣證券交易所

依照個性，挑選適合自己的股票

保守型投資人 因為承擔風險的能力較低，可期望報酬也較低，投資股票時，最好將期望報酬降低到只比定存利率稍高一點，並選擇大型穩健的績優股。

可選擇大型穩健的績優股

保守型

穩健型投資人 可承擔的風險能力屬中等，可期望的報酬也居兩者之間。因為追求穩健的報酬，可將股票的期望報酬調至和股市長期年平均報酬率相當，瞄準穩健並稍微活潑一點的個股。

可選擇穩健並稍微活潑一點的個股

穩健型

積極型投資人 因為可承擔的風險能力較高，期望的投資報酬也可較高，可將期望報酬率調高，甚或高於股市長期的年平均報酬率，鎖定較為活潑、較有話題的個股。

可選擇活潑、有話題的個股

積極型

初步篩選

　　由於台灣的上市上櫃股票實在太多，毫無頭緒地去尋找自己的第一張股票，既浪費時間，也欠缺效率。投資人可以先就股票的特性，如「績優股」、「成長股」、「產業龍頭股與集團概念股」、「價值股」、「熱門股」等，先做基本篩選工作，找出較適合自己的股票族群，再進一步分析這群股票中最具漲升相的第一檔股票。

各類股票特性比一比			
類股	定義	股性	參考頁數
績優股	業績表現穩健的個股	穩健	P.67
成長股	營運極具成長性的公司	具成長性	P.68
產業龍頭股與集團概念股	各產業的領導廠商與大集團旗下相關企業	穩健	P.69
價值股	股價被市場低估的個股	部分活潑，部分平淡	P.70
熱門股	市場主要追逐的個股	活潑	P.71
轉機股	公司因為出現轉機而蘊藏獲利機會的個股	大跌大漲	P.72
概念股	因為市場焦點話題而衍生出的焦點股	話題性正熱時，股價大漲話題熱度不再，股價回落	P.73

績優股

顧名思義，績優股便是經營績效傑出的優等生，判斷指標包含每股盈餘（EPS）、股東權益報酬率（ROE）、資產報酬率（ROA）、毛利率、股

傑出表現

- 每股盈餘 3、5 元以上
- 獲利穩健
- 每年發放股利

利殖利率等。通常，每股盈餘數字呈現穩定成長、且每年都能大於3元、5元以上，就可概稱為績優股。

通常績優企業因為獲利穩定，每年多能配發不錯的股票股利或現金股利，特別是高股利殖利率的績優股票常被當做「存股」首選，每年收到股息便成為股民們的投資小確幸，頗適合投資新手長抱布局。

每股盈餘
＝公司獲利 ÷ 公司股數

投資窺門

每年到了上市上櫃公司公布財報的季節，財經媒體便會比較各公司的獲利能力，另外，「證券暨期貨發展基金會」、「證券交易所」、「櫃檯買賣中心」、「公開資訊觀測站」等網站，也會公布各家上市上櫃公司的最新財務報表，其中便可找出許多績優股。

Story

台灣上市公司 2019 年平均每股盈餘為 2.59 元，2020 年 1 至 7 月平均則為 2.50 元。但股王「大立光」（3008）的每股盈餘就相當驚人了！「大立光」在 2020 年中的股東會公布，前一年度每股稅後盈餘高達 210.70 元，每股配發現金股利為 79 元，雙雙創下台股歷史新紀錄！

67

成長股

　　成長股是指盈餘與業績相當具成長性的公司股票，若該公司的
盈餘這麼具成長性，市場中願意持有這家公司股票的人也會比較
多，則股價也比較具有想像空間。由於公司的「成長性」，是以該
公司當年度的盈餘狀況和往年相比，成長幅度愈大，市場追逐該股
的意願便愈強，股價的上揚空間愈大。

盈餘成長佳　　　　　投資人多　　　　　股價上漲機會大

投資窺門

- 值得注意的是，有些成長股經過媒體熱炒，股價持續攀高，動作慢的投
  資人會有買貴的風險。
- 投資成長股，基本面非常重要，其中，公司的「經營能力」、「品牌形
  象」、「盈餘持續成長性」三項因素，最為重要。

產業龍頭股與集團概念股

即各產業的龍頭老大,有很多產業龍頭股也多屬於某個大集團的集團股。身為產業的龍頭老大,基本上體質不會太壞,即便不小心出現財務危機,也有大財團在後面撐著,若不幸股價直直落,集團進場護盤的情況也相當常見,因此,鎖定產業龍頭股做投資,相對較為穩健安全;集團概念股也是類似的概念,通常一大集團旗下,會有不少上市上櫃公司,生產與銷售不同的產品,但由於上有母集團的財力庇護、與子公司間相互的業務往來與合作,通常業績與股價表現也會較為穩健。

價值股

最有價值的股票，通常是指那些價值被低估的股票。用來衡量價值是否被低估，最常用的指標為「本益比」與「股價淨值比」。

本益比	「本益比」就是常聽到的「PE值」（price／earning ratio），也就是股價盈餘比。	
	= 每股股價／每股盈餘	本益比＜10→低本益比，有獲利空間
		10＜本益比＜15→中低本益比，有獲利空間
		15＜本益比＜25→中本益比，獲利空間較難預估
		25＜本益比＜35→中高本益比，較無獲利空間
		35＜本益比→高本益比，獲利機會低
股價淨值比	「股價淨值比」為股價與公司每股淨值的比率，也簡稱「PB值」（price／book ratio）。	
	= 每股股價／每股淨值	股價淨值比＜0.5 →低股價淨值比，常被稱為價值股
		0.5＜股價淨值比＜1 →中股價淨值比，獲利空間較難預估
		1＜股價淨值比 →高股價淨值比，常被稱為成長股

投資窮門 ▶

- 鎖定價值股，必須考量到公司的基本體質，如果公司體質不好，缺乏市場認同度，投資人只願意以較低的價格購買，這樣就不算是股價被低估的價值股。
- 本益比的高低，應和同類型公司比較，並與過去比較，看看目前本益比是偏低或偏高。
- 低股價淨值比的股票，必須觀察其財務體質是否健全，其中該公司的負債比率最好低於 50％。股價淨值比高的公司，其未來成長性也較高，但高股價淨值比也代表著投資風險較高，投資前最好先確定其未來獲利的潛力。

熱門股

在市場上最受歡迎的股票，就是熱門股。所以，這些股票不是短期之內在媒體上曝光率極高、便是成交量急速放大，股價急劇攀高。熱門股之所以會熱門，一方面可能因為公司最近放出利多消息，於是備受投資人青睞；或是基本面出現轉機，投資人積極承接；或可能是法人近期之內大量布局，散戶也以其為指標大量加碼。這些因素，都是造成某些個股價量俱揚，成為熱門股的背景。

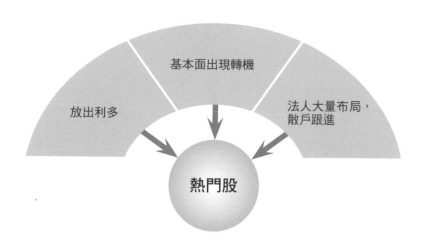

基本面出現轉機

放出利多

法人大量布局，散戶跟進

熱門股

投資竅門

- 熱門股的價格是在短期間內由市場推高的，愈晚進場的人，投資風險愈高。
- 台灣股市是散戶為主的市場，非理性投資人相當多，股友社也常特意拉抬某一檔個股，不知者常會落入追高殺低的陷阱。
- 有些刻意作價的上市上櫃公司，也會製造「熱門」假像，倒股票至市場中誘騙投資人以較高價買進，從中賺取差價。

轉機股

　　凡是營運出現「轉機」的公司股票，都可稱為「轉機股」。包括公司營運出現明顯好轉、體質出現重大變化（轉佳）、或是產業景氣出現大逆轉，由谷底回升，這些都將造就出「轉機股」。

出現轉機的機會

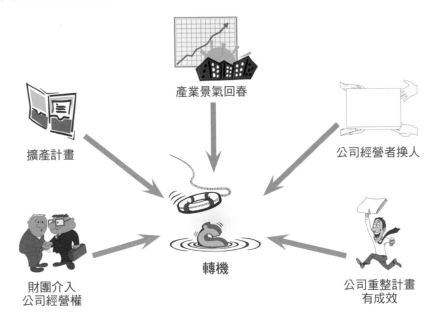

產業景氣回春

擴產計畫

公司經營者換人

財團介入
公司經營權

轉機

公司重整計畫
有成效

投資窮門

轉機股的迷人之處，在於「轉機」所帶來的想像空間。因為曾經經歷最壞的情形，股價已大跌，因此，如果該公司出現「轉機」消息，這些便宜的股票便極有可能大翻身。但如果「轉機」只是個謠言，跳進去買股票的人，就必須擔負「起死回春」不成的風險。

概念股

　　概念股強調的是「市場題材」，而且這些題材必須得到市場的認同，近期比較熱門的概念股題材像是3D概念股、5G概念股、FANG概念股、AI人工智慧概念股、宅經濟概念股、Apple概念股等。

近年來台灣股市的各種概念股

3D 列印	3D 技術	3D 感測	iPhone X 新機系列
4K2KTV	5G	ADAS 供應鏈	AI 人工智慧
APPLE 概念	太陽能	水力資源	生技
生質能源	任天堂 Switch	任天堂 3DS	光纖設備
回台掛牌	宅經濟	印度設廠	再生循環
自行車	車聯網	防疫環保	防疫保健
油電混合車	空汙防治	物聯網	美中貿易戰受惠
風力發電	桃園機場捷運	智慧電網	無人機
越南設廠	溫度量測	新兆元通信	農金
電動汽機車	電子商務及延伸	電動車 Tesla	遊戲機

資料來源：PChome 股市（https://pchome.megatime.com.tw/group/sto3）
資料日期：2020 ／ 08 ／ 20

投資窈門 ▶

話題是一時的，所以概念股的壽命都是有限的，在「風水輪流轉」下，每一段期間都會有不同的「概念股」出現，像新冠肺炎疫情全球肆虐之際，與口罩生產、疫苗研發有關的「防疫概念股」，或是封城下業績暢旺的「宅經濟概念股」便成為當紅炸子雞。

蒐集資料與分析

　　這是選股的幾大步驟中最重要也是最花費心力的地方。投資股票，主要是投資一家公司的前景與潛力，所以公司基本面的好壞、財務體質的強弱都是決定性的關鍵。至於其他如技術面、心理面的分析，則關係到進場的時點和買賣的價位，審慎分析、判斷得宜，獲利空間就會大增。簡而言之，買哪一檔股票要看「基本面」，何時進場則是用「技術面」、「心理面」來分析。

選股分析需要的資料

情況 1　判斷要買哪檔股票

你需要知道

- 這家公司的基本資料為何？
- 財務狀況好不好？
- 營運的優勢在哪裡？
- 獲利前景如何？

閱讀 ➡ 所需的「基本面」資料　公開說明書

- 景氣好或不好？
- 有沒有成長空間？

閱讀 ➡ 產業趨勢分析

- 產業前景看不看好？
- 法人機構的看法如何？
- 未來趨勢如何變化？

閱讀 ➡ 證券商研究報告

情況 2　判斷何時進場

你需要知道

- 市場普遍的投資想法是什麼？

閱讀 ➡ 所需的「技術面」資料
- 價量的變化分析
- 籌碼供需分析

- 市場投資人心理普遍偏多還是偏空？
- 市場中話題普遍偏多還是偏空？

閱讀 ➡ 所需的「心理面」資料
- 籌碼供需分析
- 媒體話題分析

公開說明書蒐集與分析

公開說明書是直接了解一家公司主要資訊的捷徑，包括公司的營運細節、主力產品、以及財務狀況、經營績效，都可以有相當詳細的資訊，這也是用「基本分析法」研究一家公司的最重要資訊之一。投資人可以就感興趣的公司，先找出它的公開說明書了解一下。

公開說明書該留意的分析重點

公開說明書

公司名稱及日期●
先確認公開說明書上的公司名稱與資料日期，財務報表應取得最新的月報、季報與年報來參考，資料愈新愈具參考價值，以明瞭公司最新的營運情況。

重要風險說明

●所屬產業風險、營運風險與其他風險
有些公司的所屬產業比較特別（如環保工業），存在比一般行業更高的風險，因此，在公開說明書最前頁，會先揭露產業、營運風險等，讓投資者清楚知道投資該公司可能面臨的狀況。

INFO　**如何取得公開說明書？**

公開說明書只有在新上市、上櫃或增資發行時才會有較新的版本，可從以下管道取得：

1. 公開資訊觀測站（詳見附錄）
2. 證券交易所或櫃檯買賣中心（詳見附錄）
3. 證券暨期貨市場發展基金會（詳見附錄）
4. 證券商（詳見附錄）
5. 直接打電話向上市上櫃公司索取

1. 公司概況

這部分大致分成五個重點：

公司簡介

重點 1 公司簡介

讓投資人快速了解一家公司的成立延革。

重點 2 風險事項

揭露可能影響公司營運成績的各種風險因素，比如利率、匯率的變動對於進口材料或出口產品的公司，會有較大影響。其他如研發、併購等風險，也會在此詳述。

風險事項

重點 3 公司組織

了解一家公司的大老闆與董監事為何人？經理階層的組織結構如何？

公司組織

資本與股份

重點 4 資本與股份

公司股份發行的所有事項，包含股本形成過程、股權狀況、主要股東名單、近二年每股市價、淨值、盈餘、股利、公司股利政策及執行狀況、員工分紅及董事、監察人酬勞等。

公司債辦理情形

重點 5 公司債辦理情形

透過借貸和債信資料，投資人對該公司有初步的接觸與了解。

2. 營運概況

　　從這項目中，可以清楚地了解一家公司到底是靠何種業務或商品賺錢？哪些商品是主力商品？未來有無開發新商品或新服務的計畫？該公司所屬的產業景氣與趨勢如何？公司如何因應產業的競爭力？主要的大客戶是誰？公司員工結構如何？公司固定資產、不動產以及轉投資狀況如何？最重要的是，如果你決定投資一家公司，就要說得出這家公司是做什麼的，產業前景如何。「營運概況」可以清楚地告訴你答案。

營運概況

貳、營運概況

一、公司之經營

(一)業務內容

1.業務範圍

(1)公司所營業務之主要內容

本公司主要從事TFT-LCD沖壓零組件(含TFT面板前框及TFT面板背板等)、家居金屬製品及醫療用品(如電動輪椅)製造加工買賣及相關產品之進出口業務。

(2)營業比重

單位：新臺幣仟元；%

年度 產品別	107 年度		108 年度	
	營業收入淨額	比重(%)	營業收入淨額	比重(%)
TFT面板前框	676,799	19.07	609,987	20.56
TFT面板背板	1,763,483	49.69	1,291,568	43.52
家居金屬製品	572,497	16.13	685,493	23.10
醫療用品	353,993	9.97	299,275	10.08
其他	182,405	5.14	81,254	2.74
合計	3,549,177	100.00	2,967,577	100.00

3. 發行計畫與執行情形

　　這部分主要在闡述公司將發行股票換得的資金會做哪些用途，是做某種再投資或購買硬體設備？最重要的是，其中也分析了預計可產生的效益，包括銷售值與銷售量的成長狀況、毛利情形。基本上，一家值得投資的公司，會對籌募而來的資金善加運用，為所有股東賺取更多的盈餘。

發行計畫與執行情形

參、發行計畫及執行情形

一、前次現金增資、併購或受讓他公司股份發行新股或發行公司債資金運用計畫分析應記載事項

本公司96年度、99年度及100年度截至本公開說明書刊印日止均已執行完畢，且本公司並未有併購、受讓他公司股份發行新股或發行公司債之情事，故不適用本項評估。

二、本次現金增資、發行公司債、發行員工認股權憑證及限制員工權利新股計畫應記載事項

(一)本次計畫之資金來源、計畫項目、預計進度及預計可能產生效益

1.本次計畫所需資金總額：新臺幣160,805仟元。

2.本次計畫資金來源

本次現金增資發行新股10,592,000股，每股面額新臺幣10元，計新臺幣105,920,000元。競價拍賣最低承銷價格係以中華民國證券商業同業公會申報競價拍賣約定書前與種有成交之30個營業日其成交均價扣除無償配股(或或資除權)及除息簡單算術平均數七成為上限，定為每股新臺幣12元，依投標價格高者優先得標，每一得標人應依其得標價格加碼，本次競價拍賣得標總金額為新台幣109,985仟元；公開申購承銷價格則以各得標之之價格及數量加權平均所得之價格新臺幣15.27元為之，惟均高於最低承銷價格1.25倍，故公開申購承銷價格以每股新臺幣15元溢價發行。另公開申購與員工認股募集資金為募集總金額為新台幣50,820仟元，本次增資募集總金額為新臺幣160,805仟元。

3.計畫項目及預定資金運用進度

4. 財務概況

　　公開說明書中的「財務概況」，是掌握一家公司財務體質的重要資訊來源。投資新手可以先從資產負債表、綜合損益表、權益變動表、現金流量表，來掌握公司的財務重點。

　　台灣上市上櫃公司已全面依國際財務報導準則（IFRSs）編製財務報告，企業每季公布財報時，公告的是「合併報表」，也就是子公司的財務數字亦會納入母公司財報中，由此能更明確、更綜觀地看出這家公司整體的營運狀況。

　　但如觀察全年財報或公開說明書，除了「合併報表」，還可以看到母公司個體的財務報表。投資新手可以直接從「合併財報」中來觀察。

●在公開說明書中也可以查得到有哪些子公司的財報在此合併揭露

簡明資產負債表

十四、子公司

列入合併財務報告之子公司

本合併財務報告編製主體如下：

投資公司名稱	子公司名稱	業　別　性質	所持股權百分比 107年 12月31日	所持股權百分比 106年 12月31日	說明
		轉投資相關事業電子零組件、組裝及通路設備貿易暨以相關進出口業務暨零售材批發、零售及國際貿易等業務	100	100	-
			100	-	(1)
		生產及銷售光電電子零組件、模具及精密模型等業務以及相關進出口業務	100	100	-
		轉投資業務	100	100	-
		轉投資業務	100	100	-
		轉投資業務	-	100	(2)
		轉投資業務	100	100	-
		生產及銷售光電電子零組件、模具及精密模型等業務以及相關進出口業務	66.67	66.67	-
		轉投資業務	-	100	(2)
		生產及銷售光電電子零組件、模具及精密模型等業務以及相關進出口業務	71.05	71.83	-
		銷售光電電子零組件、模具及精密模型等業務以及相關進出口業務	100	100	-
		生產及銷售光電電子零組件、模具及精密模型等業務以及相關進出口業務	28.17	28.17	-
		生產及銷售光電電子零組件、模具及精密模型等業務以及相關進出口業務	33.33	33.33	-
		銷售光電電子零組件、模具及精密模型等業務以及相關進出口業務	100	100	-
		銷售光電電子零組件、模具及精密模型等業務以及相關進出口業務	100	100	-

資產＝負債＋權益。公司的資產，等於股東出資的資金，加上其他管道募得的資金（如銀行貸款等，即負債）。

合併資產負債表

這裡可以觀察公司的資產負債細項，可於公開說明書最後的附件中找到。

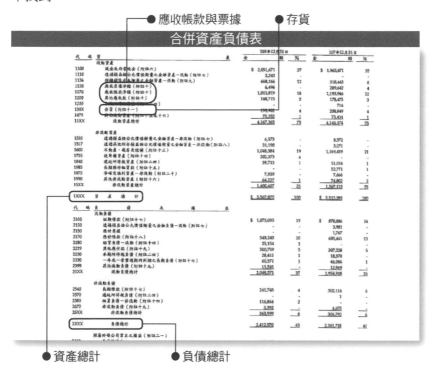

應收帳款與票據　　存貨

合併資產負債表

資產總計　　負債總計

Point 1 | 資產總額　代表該公司的資產狀況，可用來檢視公司的財務體質及資本夠不夠雄厚，資產愈高，財務體質愈健全。

Point 2 | 負債總額　代表該公司的負債狀況，包括負債金額是否過高、流動負債與非流動負債的比例。負債愈低，公司財務負擔也較低。

Point 3 | 應收帳款與票據　應收帳款與票據愈低愈好，代表積欠在外的貨款較低，不用再去催款。

Point 4 | 存貨　存貨愈低愈好，代表銷貨狀況良好，存貨因此較少。

合併綜合損益表

同樣在公開說明書最後的附件頁可找到。從報表中可以仔細觀察一家公司的收入支出、獲利或虧損情況，是判斷這家公司有沒有賺錢的直接證據。

● 營業收入　● 營業毛利

● 營業外收入及支出　● 本期淨利

● 每股盈餘

Point1 每股盈餘 最重要的就是找出這家公司的稅後每股盈餘（EPS），計算方式為：本期淨利÷發行股數。

- 每股盈餘愈高，表示公司愈賺錢，做為股東的投資人，會有較多的收益。
- 每股盈餘較低，代表公司的獲利能力不佳，不但股東能分到的收益微小，市場上願意持有該股票的投資人也不會太多，股價也難有表現。
- 觀察時間拉長到五年，看看盈餘能力是否有成長，愈具成長的公司，愈值得持有股票。

Point2 營業收入、營業毛利 金額愈高代表公司的營運狀況良好，毛利愈高，賺錢的空間愈大、愈值得投資。

Point3 本期淨利（損） 本期淨利愈高，表示該公司淨賺愈多，愈值得-投資。

Point4 本期淨利 本期淨利愈高，代表該公司在繳納所得稅後的實際賺錢能力，淨利愈高代表公司愈賺錢、愈值得投資。

合併權益變動表

從這份報表可以了解身為股東，可享有的好處與權益，包括公司最近年度的股利政策與分派狀況，公司的法定盈餘公積增減，以及公司最新的權益數字增減。

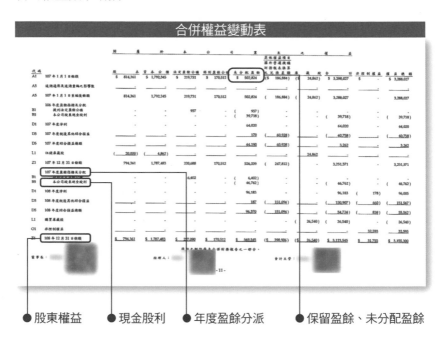

合併權益變動表

● 股東權益　　● 現金股利　　● 年度盈餘分派　　● 保留盈餘、未分配盈餘

Point1 | 保留盈餘、未分配盈餘　保留盈餘愈高，代表公司未來可穩定分配給股東的盈餘愈多。

Point2 | 年度盈餘分派　分派的總金額愈高，表示公司愈賺錢，能回饋給股東的收益也愈高。

Point3 | 現金股利　股利愈高，表示股東可獲取的現金股利愈多。

Point4 | 股東權益　權益金額愈大，代表每股淨值愈高，該公司股票更值得投資。

合併現金流量表

　　從這裡可以了解一家公司的現金進出狀況，看看公司會不會有現金週轉不靈的風險。包括公司主要將現金用在哪些地方、現金的運用是否有效率等。

合併現金流量表

	籌資活動之現金流量		
C00100	短期借款增加	202,209	65,265
C04400	存入保證金增加（減少）	260	(281)
C01600	（償還）舉借長期借款	(46,086)	78,200
C04020	租賃本金償還	(23,559)	-
C04500	發放現金股利	(46,762)	(39,718)
C04900	庫藏股票買回成本	(26,540)	
C05800	非控制權益變動	32,593	-
CCCC	籌資活動之淨現金流入	92,115	103,466
DDDD	匯率變動對現金及約當現金之影響	(133,076)	(52,789)
EEEE	本期現金及約當現金增加數	86,000	376,212
E00100	期初現金及約當現金餘額	1,965,671	1,589,459
E00200	期末現金及約當現金餘額	$ 2,051,671	$ 1,965,671

後附之附註係本合併財務報告之一部分。

董事長：●●●●　　經理人：●●●●　　會計主管：●●●●

- 13 -

● 期末現金及約當現金餘額

Point | 期末現金及約當現金餘額　當期現金餘額愈高愈好，代表公司流動資金充裕，不會有週轉不靈的風險。

愈新的財務報表愈有參考價值。投資人可以到證期會、證券交易所、櫃檯買賣中心、證券暨期貨發展基金會等取得，也可上網到公開資訊觀測站網站下載。

合併財務分析表

　　財務分析表直接呈現了一家公司的財務健康程度，是非常重要的數據資料，觀察表格中的6個主項目和其他子項目，進行數字意義的判讀，判讀方法如下：

合併財務分析表

(四)財務分析：最近五年度之財務資料綜合分析

1.國際財務報導準則(合併)

分析項目		最近五年度財務分析(註1)				
	年　度	104年度	105年度	106年度	107年度	108年度
財務結構 (%)	負債占資產比率	42.50	43.86	41.80	41.02	43.33
	長期資金占不動產、廠房及設備比率	310.23	365.70	300.60	304.28	335.62
償債能力 (%)	流動比率	179.54	183.35	200.77	212.09	203.42
	速動比率	165.34	169.14	185.21	199.12	191.99
	利息保障倍數	11.80	9.25	5.83	8.60	10.56
經營能力 (註2)	應收款項週轉率(次)	1.92	1.92	1.75	2.37	2.44
	平均收現日數	191	191	209	155	150
	存貨週轉率(次)	15.30	16.24	11.88	13.70	12.05
	應付款項週轉率(次)	3.35	3.59	2.97	3.88	3.96
	平均銷貨日數	24	23	31	27	31
	不動產、廠房及設備週轉率(次)	3.54	4.42	3.32	3.02	2.68
	總資產週轉率(次)	0.70	0.75	0.60	0.64	0.54
獲利能力	資產報酬率(%)	1.31	1.58	0.37	1.38	2.03
	權益報酬率(%)	1.90	2.36	0.29	1.96	3.01
	稅前純益占實收資本比率(%) 營業利益	4.63	12.57	2.64	2.09	10.56
	稅前純益	20.92	17.54	8.75	15.47	24.88
	純益率(%)	1.57	1.78	0.27	1.80	3.24
	每股盈餘(元)	0.86	1.04	0.12	0.80	1.22
現金流量	現金流量比率(%)	4.13	19.10	32.05	12.39	24.92
	現金流量允當比率(%)	132.62	166.43	138.37	119.70	143.76
	現金再投資比率(%)	1.64	8.62	11.59	3.81	9.20
槓桿度	營運槓桿度	11.49	4.04	11.90	15.80	3.47
	財務槓桿度	1.72	1.20	3.18	36.09	1.33

最近二年度各項財務比率增減變動達20%以上者，說明如下：

(1)利息保障倍數：主係108年度獲利成長使稅前純益增加所致。

(2)資產報酬率：主係因108年度獲利成長，本期淨利增加所致。

(3)權益報酬率：主係因108年度獲利成長，本期淨利增加所致。

(4)營業利益占實收資本比率：主係因108年度獲利成長，營業利益增加所致。

(5)稅前純益占實收資本比率：主係因108年度獲利成長，稅前淨利增加所致。

(6)純益率：主係因108年度獲利成長，本期淨利增加所致。

(7)每股盈餘：主係因108年度獲利成長，本期淨利增加所致。

(8)現金流量比率：主係因108年度營業活動淨現金流入增加所致。

(9)現金再投資比率：主係因108年度營業活動淨現金流入增加所致。

(10)營運槓桿度：主係因108年度獲利成長，致營業利益大幅增加所致。

(11)財務槓桿度：主係因108年度獲利成長，營業利益增加所致。

註1：上述各年度財務資料業經會計師查核簽證。

註2：財務分析之計算公式如下：

　　1.財務結構：(1)負債占資產比率＝負債總額/資產總額。

　　　　　　　　(2)長期資金占不動產、廠房及設備比率＝(權益總額＋非流動負債)/不動產、廠房及設備淨額。

　　2.償債能力：(1)流動比率＝流動資產/流動負債。

Point1 | **財務結構** 主要觀察一家公司的「負債比率」。當負債比率大於100%，表示公司的資產還不夠抵債；當負債比率小於100%，表示資產大於負債。合理的負債比率通常為2／3，也就是負債佔資產總額不宜超過2／3。但每個行業較恰當的負債比稍有不同，跟同業相比，能較精準掌握財務結構的健康程度。

- 負債占資產比率→愈低愈好
- 長期資金占不動產、廠房及設備（固定資產）比率→愈高愈好

如果一家公司的「負債占資產比率」超過 50%，就會被列入高危險群的觀察名單中。

Point2 | 償債能力 如果手上流動資產（如現金、存款）愈多，需償還的流動負債愈少，意味償債能力愈好，財務愈健康。
- 流動比率、速動比率、利息保障倍數→愈高愈好

Point3 | 經營能力 這幾項指標能清楚揭露公司的經營能力，包括一定期間之內（通常是一年內）應收帳款轉為現金的平均次數、消化存貨的週轉次數、應用資產的週轉次數等。
- 應收款項週轉率、存貨週轉率、不動產、廠房及設備週轉率、總資產週轉率→愈高愈好
- 平均收現日數、應付款項週轉率、平均銷貨日數→愈低愈好

Point4 | 獲利能力 公司如經營有成，財報就愈漂亮，代表獲利能力愈好，股東的投資報酬率就愈高，股價表現也愈好，也愈值得大家投資。
- 資產報酬率、股東權益報酬率、稅前純益佔實收資本比率、純益率、每股盈餘→愈高愈好

Point5 | 現金流量 這三項比率，能判別一家公司運用現金的能力與靈活度。通常比率愈高，企業的現金運用或現金流量更富彈性，或是公司利用現金的償債能力愈好。
- 現金流量比率、現金流量允當比率、現金再投資比率→愈高愈好

Point6 | 槓桿度 可以觀察一家公司的經營風險，或是舉債經營的程度。通常槓桿度愈高，代表財務彈性愈大，但是財務風險也愈大。
- 營運槓桿度、財務槓桿度→愈高愈好，但風險也相對提高

85

產業前景與分析

　　篩選股票可從「明星產業」、「優勢產業」或「主流產業」中挑選，因為挑選股票就像挑選珍寶，在「一堆石頭中挑出最好的」，不如「在一堆珍珠中挑出最好的」。而具前景的產業便是「珍珠」，投資人應先學會如何從石頭珍珠堆中挑出一群「珍珠」，再從這些「珍珠」中挑出最好的，這樣才可縮短追求獲利的路程。

INFO　如何取得產業的景氣位階圖？

產業的景氣循環無時無刻都在變化，投資人最好取得最新資訊，再加以判斷。你可以從以下管道取得：
1. 券商的產業研究報告，可向券商索取，或由其網站下載。（詳見附錄）
2. 報章雜誌與財經網站的產業趨勢報導。（詳見附錄）

產業景氣5種位階

位階	現象
復甦	產業中各家公司營收、獲利出現好轉，在媒體中可以看到一些該產業的相關報導。
成長	產業中各家公司營收、獲利呈現高度成長，出貨或接單量齊揚，媒體對該產業的報導量大增。
景氣高峰	產業中各家公司營收、獲利較前期狀況持平，成長力道已見減弱，媒體對該產業大幅報導，該產業成為市場中最熱門的討論話題。
衰退	產業中各家公司營收、獲利開始見到衰退，投資者開始在市場中出脫相關產業類股。
景氣谷底	產業中各家公司營收、獲利表現不佳，該產業類股在市場中乏人問津。

產業前景的分析重點

　　這部分的重點，在於判斷某一產業的前景與潛力如何，是否有機會成為市場關注的焦點。

1. 從「景氣循環位階」中挑出目前的主流產業

　　景氣的位階可概分為「復甦」、「成長」、「景氣高峰」、「衰退」與「景氣谷底」五大位階。最值得投資的產業，是該產業景氣應處在「復甦」與「成長」階段。

投資策略	說明
逢低買進的最佳進場時機	股價依舊在相對低檔，進場成本較低，股價漲升空間也較大。
值得持有	已經有許多人注意到該明星產業，這時才進場的投資人成本也會相對較高。
逢高出脫，不值得買進	這時該產業已經相當熱門，在此階段才進場的投資人風險十分大，因為景氣在高峰隨時都有可能反轉往下，不宜貿然追高。
賣出，不值得持有	這時產業景氣已呈衰退，前景不佳，當然不值得擁有。
不值得持有，觀望	此時產業不但成長力道不足，甚至呈現衰退。除非已經看出「最壞的情況已經過去」，離再度復甦之途不遠，或可以嘗試著小額投資，不然還是保持一段距離為妙。

2.從熟悉的產業挑出明日之星

　　對於身處在某些產業界工作的投資人來說，因為最清楚自己工作產業的特性、變化，相關的「產業小道消息」也會特別敏銳，如果可以自行「就地觀察」，找出自己產業的循環狀況，及早進場布局，將可有相當的獲利空間。當然，如果自己的家人、朋友，身處在不同的產業工作，比如像科技業、金融業、食品業、鋼鐵業等，就可以互通有無，勾勒出最新的產業循環位階圖，找尋最值得投資的「復甦」與「成長」產業。

3.觀察周邊環境發現新趨勢

　　從生活中的一點一滴，其實也可以發現許多「賺錢契機」。比如說，當新冠肺炎疫情肆虐時，百業蕭條，惟各國積極推動5G政策不受疫情影響，各大電信業者宣布5G開台與各種商用服務，相關概念股營收續傳佳績，股價也蠢蠢欲動。如果可以早大家一步，觀察出市場的明日產業，獲利空間相當可期。

券商研究報告與分析

　　基本面分析在選股過程中是相當重要，也是需要最多專業的部分，各大券商研究部門的分析師與研究員，都會定期出版總經、個經的相關研究報告，從各個角度、層面去分析股市動態與個股投資機會，對於股票投資的初入門者，是相當方便也最有效的「資料庫」。

券商研究報告的分析重點

1.「總體經濟報告」觀察大環境的景氣狀況

　　這一類的研究報告，大致是從總體經濟的角度觀察股市的投資價值，當大環境景氣熱絡，公司獲利狀況佳，股市表現也會相對較好。在報告中，可以看到許多對總體經濟指標的分析，包括「經濟成長率」、「利率走勢」、「失業率」等，可以從中判斷一國的經濟景氣狀況。總體經濟報告有「月報」、「季報」與「年報」，大體以「7月台股投資展望」、「下半年台股展望」、「2021年全球投資展望」為題，當然，最新出版的報告最具參考性。

INFO　如何取得券商研究報告？

你可以從以下管道取得：
1. 各大券商網站（詳見附錄）
2. 各大券商營業中心
3. 各大報章媒體也會節錄券商報告

2.「產業研究報告」一窺產業最新動態與趨勢

　　從「熱門話題」的角度去觀察股市的投資契機，或是討論分析該話題對股市、產業或個股的衝擊。比如，「台股萬點過後的下一步」、「新台幣大漲下的布局策略」、「總統大選後的台股評析」等。券商所提出的「專題報告」，通常是市場最關心的話題，或

是對股市有決定性影響的議題。投資人閱讀這些「專題報告」，可以即時掌握最新市場議題，積極追尋可能的投資契機。這類「專題報告」出刊較不定期，完全依市場熱門話題多寡決定。

3.「產業研究報告」一窺產業最新動態與趨勢

　　從「產業面」的角度去找尋股市的投資機會，比如像「汽車產業前景－電動車及轉機個股的機會」、「跟著疫情崛起的零接觸產業投資機會」、「黑天鵝效應－全球供應鏈重組分析報告」等。通常主流產業、熱門產業的相關報告較多，分析也較仔細透徹。如果產業分析結論是前景可期，即意味持有該產業股應有一定的報酬空間，特別是該產業龍頭股更值得長期持有。

　　產業研究報告部分是定期出版，部分是視市場狀況而定，通常在公司的財務報表公布旺季之後，券商便會針對主要產業的最新財務狀況提供相關研究與分析，做為投資人的參考。

圖片來源：https://www.sitca.org.tw/ROC/FundView/
analytic.html

4.「個股研究報告」發現值得投資的標的

　　大致上是從「個別公司」的角度去分析該公司的投資價值。比如像「台積電獲利前景分析」、「聯發科的投資價值」等。通常，主流產業的相關個股報告較多，分析也較仔細透徹。這類研究報告最後都會對該個股的投資策略給予建議，包括「逢低買入」、「持股續抱」、或「賣出」等，並針對個股評以合理價格的預測。投資人可以就其研究結論，當做投資的參考依據之一。不過，有些證券商提供的個股報告僅限客戶閱覽，選擇下單券商時，可以詢問證券商是否有提供個股研究報告的服務。

出版日期	主題	報告類別
2020-08-19	智邦 (2345 TT)	個股短評
2020-08-18	長榮(2603 TT)	個股短評
2020-08-18	邦特 (4107 TT)	個股短評
2020-08-18	華夏 (1305 TT)	個股短評
2020-08-18	亞泥 (1102 TT)	個股短評
2020-08-17	基士德-KY (6641 TT)	個股短評
2020-08-17	嘉澤 (3533 TT)	個股短評
2020-08-17	勤誠 (8210 TT)	個股短評
2020-08-17	啟碁 (6285 TT)	個股短評
2020-08-17	特昇-KY (6616 TT)	個股短評
2020-08-17	美食-KY (2723 TT)	個股短評
2020-08-17	欣興 (3037 TT)	個股短評

資料來源：https://scmreport2.sinotrade.com.tw/Report/Report_1/Report_11_1_9

投資窺門

投資人可以參考券商的研究報告，但各家券商對同一市場、同一事件、同一產業、或同一個股的看法其實不盡相同，常常發生 A 券商建議賣出 XX 股，但 B 券商卻大力推薦 XX 股的狀況，投資人應該多閱讀幾家券商的研究報告，多加比較研讀，找出邏輯性最合理、自己也最信賴的券商報告做參考。

91

技術面資料與分析

　　如果你已經由「公開說明書」、「券商研究報告」等基本面資料篩選出值得投資的標的，這時候你就需要「技術分析」，做為進場時點的判斷依據，到底此時是不是最適合投資的時點？現在的價位貴還是便宜？股價目前是在相對低點或高檔？未來股價的漲升空間為何？這些都可以仰賴「技術面的資料與分析」。

4 種必學的技術分析

　　以下幾項技術面指標，是做為判斷進場時點時，最容易取得、最簡單、最普遍、也是最為有效的指標。

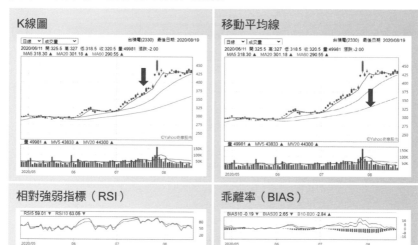

以上四圖資料來源：Yahoo 奇摩股市
網址：https://tw.stock.yahoo.com/q/ta?s=2330

1. K 線圖趨勢

　　「日K線圖」是由每日的開盤價、收盤價、最高價、與最低價共同組成。同樣地，「週K線圖」與「月K線圖」等，便是由個股的週資料與月資料所組成。

K 線圖的基本元素

日K線圖－陽線

當收盤價高於開盤價時，以陽線標示，代表當日買盤較強、賣盤較弱

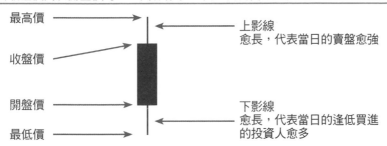

最高價

收盤價

開盤價

最低價

上影線
愈長，代表當日的賣盤愈強

下影線
愈長，代表當日的逢低買進
的投資人愈多

日K線圖－陰線

當收盤價低於開盤價時，以陰線標示，代表當日買盤較弱、賣盤較強

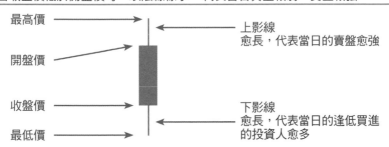

最高價

開盤價

收盤價

最低價

上影線
愈長，代表當日的賣盤愈強

下影線
愈長，代表當日的逢低買進
的投資人愈多

INFO 如何取得技術面資訊？

許多財經媒體網頁、證券商交易平台、金融軟體服務商，都可查詢個股技術面資訊，例如：

1. 財經媒體：
- Yahoo! 股市：https://tw.stock.yahoo.com/
- 鉅亨台股→【台股看盤室】：https://www.cnyes.com/twstock/

2. 證券商交易平台：
- 元大證券：https://www.yuanta.com.tw/eyuanta/
- 富邦證券：https://www.fubon-ebroker.com/MKT
- 群益證券：https://www.capital.com.tw/ 首頁→【個股區】→個股報價】

3. 看盤軟體服務商 (電腦版、行動 APP 版)
- CMoney 股市 https://www.cmoney.tw 首頁→【股市】→【技術分析】
- 三竹股市：https://www.mitake.com.tw/experience.aspx

3 要點掌握 K 線圖

　　判讀K線圖最重要的就是從K線圖趨勢中，判斷個股的上升或下跌發展。

1. 上升趨勢線

　　以下圖為例，如果將每日的股價底部標示出來，連成一線，便可以明顯觀察出這檔個股的「上升趨勢線」相當明顯，股價不但呈大漲小回趨勢，每次最低價的底部愈墊愈高，最高價的高點也是愈來愈高，在股價仍未跌破這趨勢線之際，表示市場承接意願強勁，此時投資仍有獲利可期；但如果這上升趨勢線遭到破壞，表示好景不再，最好快快伺機出場。

● 台積電日K線圖（上升趨勢線）

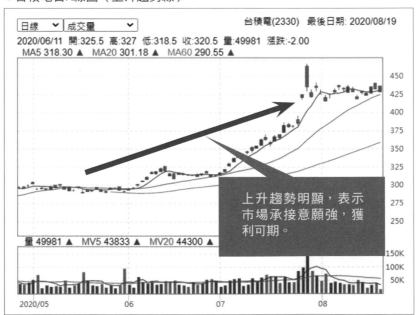

上升趨勢明顯，表示市場承接意願強，獲利可期。

資料來源：YAHOO！奇摩股市
網址：https://tw.stock.yahoo.com/q/ta?s=2330

2. 下降趨勢線

　　同樣地，以下圖為例，如果將每日的股價高點標示出來，連成一線，便可以明顯觀察出這檔個股的「下降趨勢線」相當明顯，股價不但呈大跌小漲趨勢，每次最低價的底部愈跌愈低，最高價的高點也是愈來愈低，在股價持續呈現這樣的下跌趨勢之際，表示市場投資意願薄弱，此時持有該個股的投資人，只是會持續虧損而已。

● 長榮航日K線圖（下降趨勢線）

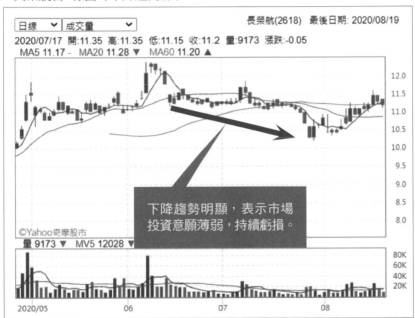

資料來源：YAHOO！奇摩股市

網址：https://tw.stock.yahoo.com/q/ta?s=2618

除了證券商交易平台（電腦版），近年很多免費股市報價看盤APP，讓股民能夠透過手機隨時看盤、了解個股價格動態，其中也可以看到K線圖、移動平均線、相對強弱指標、乖離率等，投資新手可善加利用。

3. 壓力與支撐線

　　K線圖還可以觀察到一檔個股股價的「壓力」與「支撐」。如下圖所示，重要股價「底部的反轉點」所相連的線，叫做「支撐線」，這意味有許多人在這裡買入該個股，如果股價跌破這支撐線，表示恐怕將有另一波跌勢出現，不宜進場；而主要股價的「高檔的反轉點」所相連的線，叫做「壓力線」，這表示個股股價每漲到這個價位，就遇到壓力上不去，這裡對於低檔進場的投資人，是一個獲利點，但如果股價突破這條壓力線，表示應有另一波新的漲勢出現，可以伺機進場。

● 長榮航日K線圖（壓力與支撐）

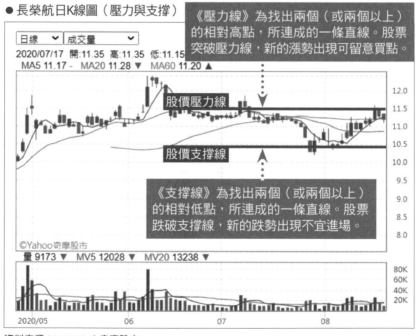

《壓力線》為找出兩個（或兩個以上）的相對高點，所連成的一條直線。股票突破壓力線，新的漲勢出現可留意買點。

《支撐線》為找出兩個（或兩個以上）的相對低點，所連成的一條直線。股票跌破支撐線，新的跌勢出現不宜進場。

資料來源：YAHOO！奇摩股市
網址：https://tw.stock.yahoo.com/q/ta?s=2618

移動平均線

移動平均線與K線圖趨勢有異曲同工之妙。移動平均線呈現出個股過去數日的平均股票價格。5日、10日、24日等移動平均線為短期的移動平均線；60日、72日等移動平均線為中期的移動平均線；144日、200日、288日移動平均線為長期的移動平均線，可以分別做為觀察短期、中期與長期股價趨勢的依據。

通常個股如果逐漸展現多頭趨勢，短期移動平均線會先往上升，接著中期移動平均線也隨之上揚，如果長期移動平均線開始往上走，就表示上漲的多頭趨勢相當確立，可以安心進場布局；同樣地，如果個股逐漸展現空頭趨勢，其短期移動平均線會先往下走，接著中期移動平均線也隨之下跌，如果長期移動平均線也開始往下，就表示該個股下跌的空頭趨勢相當確立，宜盡早出場、少碰為妙。

● 台積電移動平均線——多頭範例

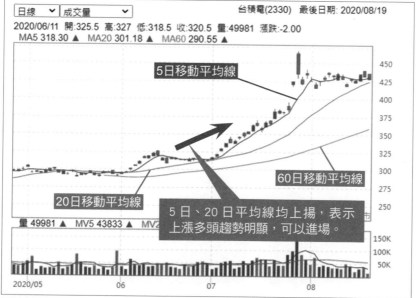

資料來源：YAHOO！奇摩股市
網址：https://tw.stock.yahoo.com/q/ta?s=2330

相對強弱指標（RSI）

　　RSI指標呈現出某個股的超買或超賣狀況，通常會比K線圖更早出現股價的底部或高檔處。RSI數值愈大，代表股價的上漲力道愈強，投資人承接意願較高；但當RSI值漲到80以上，表示個股有超買狀況，未來承接力道可能不繼，股價極有可能反轉而下；RSI數值愈小，代表投資人承接意願較低，股價上漲無力，持續下跌；但當RSI值跌到20以下，表示個股有超賣情況，股價相當低廉，投資人逢低承接意願會逐漸明顯，股價極有可能反轉而上。

● 台積電相對強弱指標（RSI）

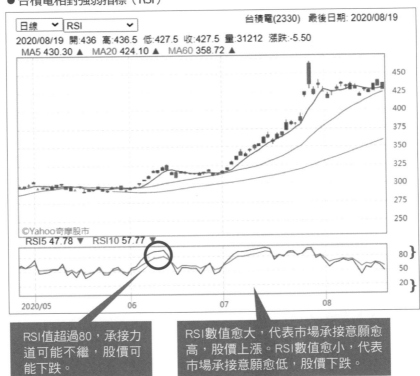

RSI值超過80，承接力道可能不繼，股價可能下跌。

RSI數值愈大，代表市場承接意願愈高，股價上漲。RSI數值愈小，代表市場承接意願愈低，股價下跌。

資料來源：Yahoo 奇摩股市
網址：https://tw.stock.yahoo.com/q/ta?s=2330&tech_submit=%ACd+%B8%DF

乖離率（BIAS）

　　乖離率為股價與平均股價間的差距程度，主要是在輔助移動平均線的不足。乖離率如為正數，表示股價高於平均值，股價愈高，乖離率愈大，表示股價的上漲力道愈強；乖離率如為負數，表示股價低於平均值，股價愈低，乖離率愈小，表示股價的跌勢愈猛。

判斷原則

1. 10日平均乖離率，如果達-4.5%以下，表示跌勢已深，為買進時機，如果達5%以上，表示漲勢已高，應該儘快賣出。
2. 20日平均乖離率，如果達-7%以下為買進時機，如果達8%以上，為賣出時機。
3. 乖離率過高或過低，都代表著股價反轉的日子不遠。

● 台積電乖離率（賣出時機）

資料來源：YAHOO！奇摩股市

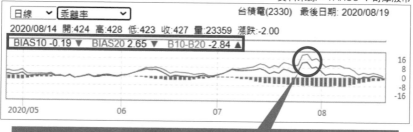

10日平均乖離率達5%以上、20日平均乖離率達8%以上，為賣出時機。

● 長榮航乖離率（買進時機）

資料來源：YAHOO！奇摩股市

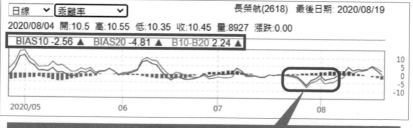

10日平均乖離率達-4.5%以下、20日平均乖離率達-7%以下，為買進時機。

籌碼面資訊與分析

　　「籌碼」就是股票，通常指股票發行在外的總數量。如果「股票發行量」大，要抬升股價就需要更多更強的買盤才行，如果「股票發行量」小，只要一些買盤進駐，就可以將股價拉高。除此之外，任何影響「籌碼」狀況的因素，都將影響個股的股價表現。

籌碼面該留意的分析重點

1. 籌碼集中度：

　　可由大股東與外資、自營商、投信等法人機構持有該股的比例來判斷。如果大股東或法人機構持有該股比例偏高，一方面代表大股東與法人對該公司股票相當有信心，一方面在市場流通的股票也會相對較少，這種籌碼集中股也就較容易被拉抬，股價表現也較有想像空間，反之，股價表現也較難樂觀預期。

外資買賣超前30名 > 集中市場　　　　2020-08-18

買超				賣超			
代碼	名稱	買超張數	持股張數	持股率%	代碼	名稱	賣超張數	持股張數	持股率%
00632R	元大台灣50反1	11673	3337291	32.07	00677U	富邦VIX	-17403	209091	5.22
2603	長榮	11632	1122759	23.32	2449	京元電子	-14983	297977	24.36
2884	玉山金	10473	4885425	38.87	1314	中石化	-10446	444640	13.53
1312	國喬	9907	231999	25.58	2885	元大金	-8876	3842888	32.92
2353	宏碁	8686	933945	30.37	2454	聯發科	-8320	1038052	65.33
1714	和桐	8470	196291	19.30	2891	中信金	-8296	7158518	36.71
2330	台積電	8299	19865952	76.61	00637L	元大滬深300正2	-8088	61347	6.60
2409	友達	8185	2705411	28.11	3231	緯創	-7528	1617272	56.93
3037	欣興	7869	550896	36.61	2888	新光金	-6321	2679090	20.57
2376	技嘉	6242	174634	27.47	9904	寶成	-5776	1553967	52.73
2317	鴻海	4332	6144411	44.32	2610	華航	-5505	728831	13.44
3481	群創	3815	2643601	27.22	6116	彩晶	-4460	345709	11.03
00653L	富邦印度正2	3575	4967	3.72	6251	定穎	-4343	39651	12.74
5264	鎧勝-KY	3447	290507	69.09	3711	日月光投控	-3893	3090003	71.22
2332	友訊	3403	72347	11.09	3034	聯詠	-3549	360466	59.23

資料來源：鉅亨網

網址：https://www.cnyes.com/twstock/a_QFII9.aspx

INFO　如何取得籌碼面資訊？

你可以從以下管道取得（詳見附錄）：

1. 財經媒體網頁
2. 證券商交易平台
3. 看盤軟體服務商（電腦版、行動 APP 版）

2. 資券關係：

　　從每日個股的資券變化，可以觀察到散戶的買賣動態，從中一窺籌碼面的變化。融資代表投資人因為看好個股後市，所以向證金公司借錢買股票；融券代表投資人看壞個股後市，所以向證金公司借股票來賣出（相關遊戲規則請見第九篇）。

個股資券變化	融 資	融 券	意 義
資券皆增加			代表看壞與看好個股後市的投資人勢均力敵，較難依此判斷出股價走勢。
資券皆減少			代表看壞與看好個股後市的投資人皆減少，而且買賣個股的意願皆低，個股後市變數相當多，較難預測。
資增券減			代表看好個股後市的投資人增加，看壞個股後市的投資人減少，股價上漲空間較可期。
資減券增			代表看好個股後市的投資人減少，看壞個股後市的投資人增加，市場買盤較賣盤為弱，股價恐將走跌。

消息心理面與分析

　　股票的股價是由市場供需所決定，願意投資的人愈多，需求愈多，股價愈容易上揚；願意投資的人愈少，需求愈少，股價愈會下跌。而消息心理面直接影響投資人的投資意願，如果市場上充斥著利多消息，投資氣氛熱絡，股價表現空間較大；如果市場上充斥著利空消息，投資氣氛觀望，股價也較難有表現。

　　基本上，市場中利多、利空消息變化莫測，分析時需要進一步將所有利多、利空消息羅列，比較強度與影響力，才能進一步做出投資決定。

INFO 如何取得消息心理面資訊？

你可以從以下管道取得（詳見附錄）：
1. 公開資訊觀測站首頁 https://mops.twse.com.tw →【即時重大訊息】
2. 財經媒體網頁

消息心理面該留意的 5 個重點

媒體或市場討論

1 對總體經濟景氣的訊息是偏多或偏空？

2 對各大產業的訊息利多較多或利空較多？

3 對個別公司的消息是利多較多或利空較多？

4 利多的話題較多，或利空的話題較多？

整體投資氣氛

5 樂觀氣氛較濃，還是悲觀味道較重？

INFO　市場消息查證專區

金融市場消息滿天飛，究竟是事實或謠言，投資之前一定要弄清楚。
你可以從以下管道確認消息真偽：
公開資訊觀測站（https://mops.twse.com.tw）
①首頁→【重大資訊與公告】→【即時重大資訊】→【重大資訊綜合
　查詢】
②首頁→【重大資訊與公告】→【券商對媒體轉載之澄清或說明】

選股

　　選股方式，可以概分為「由上而下」（Top-down）與「由下而上」（Bottom-up）兩種邏輯。任何一種方式，都需要用到前面所提及的「基本面分析」、「技術面分析」、「消息面分析」等，只是選股的流程有所不同。

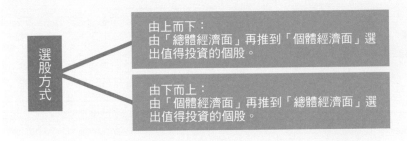

選股方式

由上而下：
由「總體經濟面」再推到「個體經濟面」選出值得投資的個股。

由下而上：
由「個體經濟面」再推到「總體經濟面」選出值得投資的個股。

　　對於股票投資入門者，用「由上而下」選股法，較能有系統地學習股票分析，並藉此挑選出一檔值得投資的個股；如果要採用「由下而上」選股法，就得先選定一檔個股，投資新手可能會一時找不到頭緒，不知從何下手才好。

INFO　善用臺灣證券交易所的選股機制

　　證交所（https://www.twse.com.tw）提供「上市公司條件選股」服務，投資人可以由收盤價、成交量、三大法人、融資融券、月營收成長率、月周轉率等指標來篩股，投資人可多加參考利用。

「由上而下」（Top-down）選股 Step by Step

Step1 觀察全球景氣

比較全球各國的經濟景氣狀況，觀察全球景氣位階是熱絡或低迷？成長或衰退？是否適合股票的投資？

Step2 觀察台灣景氣

查看台灣的經濟景氣情形，重要指標包括：經濟成長率、失業率、領先指數、景氣熱絡或是低迷？是否能夠吸引外資進駐？

Step3 過濾產業

篩選出最具前景、最富潛力、最值得投資的產業。

Step4 篩選企業

從明星產業中挑選出財務體質最佳、獲利能力最好、營收最具成長性的公司。

Step5 決定個股

決定投資這精選而來的個股，配合技術面、籌碼面等分析，決定進場時點。

決定

　　進行到這裡，該是選擇一張股票的時候了。我們為自己設定好「投資的期望報酬」，做了「初步的篩選」，也為這些篩選出來的個股，進行了「相關資料的蒐集與分析」，也決定了要採「由上而下」的選股策略，最後一步，就是選出這第一張最值得投資的股票。

> 對投資新手而言，剛開始要挑出第一張股票做投資，的確相當困難，但熟了以後，便可以用「由下而上」篩選法，輔以「選股綜合評量表」，就能較有效率地挑選出最值得投資的個股。

選股綜合評量表

Step1 根據下表，可以幫助你初步篩選個股，縮小範圍。

投資人類型	初步篩選出的個股		
□保守型	績優股 產業龍頭股	＿＿＿＿＿ ＿＿＿＿＿	＿＿＿＿＿ ＿＿＿＿＿
□穩健型	績優股 產業龍頭股 穩健成長股 價值股 概念股	＿＿＿＿＿ ＿＿＿＿＿ ＿＿＿＿＿ ＿＿＿＿＿ ＿＿＿＿＿	＿＿＿＿＿ ＿＿＿＿＿ ＿＿＿＿＿ ＿＿＿＿＿ ＿＿＿＿＿
□積極型	積極成長股 熱門股 轉機股	＿＿＿＿＿ ＿＿＿＿＿ ＿＿＿＿＿	＿＿＿＿＿ ＿＿＿＿＿ ＿＿＿＿＿

Step2 將初步篩選出的個股資料分別填入「資料比較分析表」中，資料分析表分為基本面、技術面、籌碼面、消息心理面四部分：

資料比較分析表		
個股名稱＿＿＿＿＿	產業別＿＿＿＿＿	主要產品＿＿＿＿＿

基本面
※ 請依狀況評分，並計算得分。

財務體質＿＿＿＿分 （包括負債比、現金流量狀況等）

獲利能力＿＿＿＿分 （包括盈餘成長性、營收成長性、每股盈餘歷年成長性等）

股東權益＿＿＿＿分 （包括股東權益總額、股利發派狀況、保留盈餘等）

產業前景＿＿＿＿分 （包括產業景氣位階狀況、券商普遍對該產業前景看法）

未來發展潛力 （包括券商研究分析看法、公開說明書中對企業發展之樂
＿＿＿＿＿＿分　觀性等）

最佳：5分、極佳：4分、佳：3分、普通佳：2分、平平：1分、極差：0分。

共得＿＿＿＿＿分

技術面
※ 請依評比結果在□勾選答案，並計算得分。

日K線	□上升趨勢（+1）	□下降趨勢（-1）
短期移動平均線	□上升趨勢（+1）	□下降趨勢（-1）
中期移動平均線	□上升趨勢（+1）	□下降趨勢（-1）
長期移動平均線	□上升趨勢（+1）	□下降趨勢（-1）
RSI	□超賣　（+1）	□超買（-1）
乖離率	□大　（+1）	□小（-1）

小計　＋　＿＿＿分；－　＿＿＿分　共得＿＿＿＿＿分

籌碼面

※ 請依評比結果在□勾選答案，並計算得分。

籌碼	□集中（+1）	□分散（-1）
資券變化	□利漲（+1）	□利跌（-1）

小計 ＋____分；－____分 共得_____分

消息心理面

※ 請依評比結果在□勾選答案，並計算得分。

□利多＞利空（+1）	□利多＜利空（-1）

小計 ＋____分；－____分 共得_____分

綜合評量

總計_____分

價格合理

目前股價	元	
每股淨值	元	
本益比	倍	
股價淨值比	倍	
目前價位	□便宜	□算貴

Step3 最後，綜合所有評比結果，一一填入下表，就可以得出最佳投
資標的個股。

決定
※ 請將評比結果依照下列條件填入空格。

□買 _____，等到 _____ 元價位買。

□暫時不買 _____，待股價跌至 _____ 元價位再買。

□不值得買 _____ 。

透過綜合評量表的層層篩選後，
已經可以挑選出一些好股票，或
許有些股票目前的價位並不適合
買進，但仍可以持續觀察這些精
挑細選的股市珍珠，持續輔以技
術分析工具，等待最佳進場時點，
或也可以分批買進做長期投資，
享受公司持續成長的果實。

Chapter

4

何時該進場買股票？

　　精準判斷進場時機，是投資股票的一大學問。有閒置資金想要妥善運用，卻不知該如何投資，這時候就可以考慮投資股票。但究竟該拿出多少錢來投資股市？什麼時候是投資股市的最佳機會點？本篇將逐一告訴你箇中巧妙。

本篇教你

- ✅ 閒置資金如何分配？
- ✅ 如何做布局判斷？
- ✅ 績優股如何逢低承接？
- ✅ 如何判斷產業新趨勢？

時點1──當有閒置資金時

　　有閒置資金者，可以挪出一部分資金投資股票，增加自己資產的獲利空間。但是，投資股票並非保證獲利，而且股市有此一說：「90%的股票投資人最終是賠錢的，只有10%的投資人賺錢」，因此，建議投資人一定要用閒錢做投資。特別是股市新手，由於在「時間」與「只能賺不能賠」的壓力下，投資決定很容易會亂了方寸，更增加投資風險，所以，唯有在有「閒錢」時，再去考慮投資股票。

閒置資金投入股市比重

　　不同類型的投資人，將閒置資金投入股市的比重也有所不同，愈積極的投資人，投資金額占閒置資金的比重就愈高。

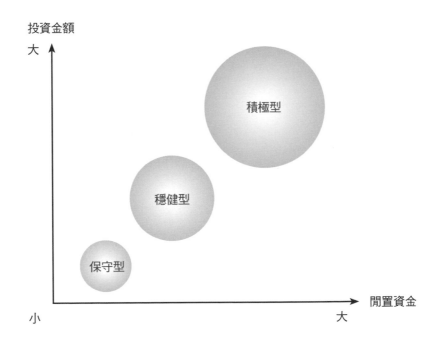

如何分配閒置資金？

手上有一筆閒錢，應該撥多少錢投入股市買股票？這就得看你是屬於哪一類型的投資人了。

不同類型投資人依不同比重分配閒置資金		
投資人類型	可忍受虧損程度	「股市投資資金」占「閒置資金」的比重
超級保守型	不能忍受任何虧損	不應投資股票
保守型	可忍受10%以下	30%以下
穩健型	可忍受10%～20%	30%～50%
積極型	可忍受30%以上	不超過70%

再穩健、績優的股票，都存在著投資風險，因此，無論再怎麼積極的投資人，也不宜將全部的閒置資金全部投入股市。

- 保守型投資人撥出的股票投資金額，應不超過閒置資金的三成。
- 穩健型投資人視狀況可以稍稍提高投資比重。
- 積極型投資人，至少保留三成的閒置資金在身邊，以備不時之需。

有不少券商研究部，會固定提供客戶「資產投資比重建議」，投資人可以參考股票投資比重建議，也可以從中一窺券商對股市的多空看法。

我要撥多少錢去買股票？

初入股市的投資新手，可參考以下4個重點決定應該撥多少錢投資股票：

重點 1. 自我風險承擔能力

一般年輕人財務壓力多不大，可承受的投資風險也較高，因此建議可以撥一半以上閒錢來投資股市，但撥用比例不宜超過八成，應留一些現金在身邊較穩當。隨著年齡增加，建議挪用閒錢投資股市的比重應該要下降，因為年歲愈大，家庭財務負擔愈重，離退休日子愈近，愈不能承擔損失的風險。

至於老年人，最好保有現金存款在身邊養老，若稍微積極一點的老人家想撥一部分退休金投資股市，也不要超過閒置資金的二成，畢竟，錢如果賠光，就沒錢養老了，這可是很麻煩的事。

投資人類型	「股市投資資金」占「閒置資金」的比重
年輕人	50%～80%
中年人	20%～50%
老年人	20%以下

重點 2. 自我資產流動性

每一戶家中最好隨時留有「每月家庭開支所需總額」的3～6倍的現金（存款），換句話說，若家庭發生任何變故，仍有3～6個月緩衝期可以應付家中基本開銷。如果預留這些錢之後，仍有多餘的閒錢，則可以用來投資股票，讓自己的財富增值。

重點 3. 投資報酬期待

　　如果希望在股市中賺取較多或較穩健的報酬，就必須投入較多的錢於股市中，運用多元化投資、分散風險的原理，買進數種股票，就算其中幾檔賠錢了，還有其他股票仍有賺錢希望可以彌補虧損；如果投入股市的資金有限，只能買一張股票，一旦那檔股票價格下滑，就必須直接面對賠錢的壓力了。

重點 4. 市場多空狀況

　　股市如果呈現多頭走勢，投資股票的獲利可能性大增，此時應該增加股市的投資比重，降低自己在固定收益如債券、存款的投資比重，讓自己資產增值的機會增加；如果股市呈現盤整格局，多空不明，這時投資獲利空間較小，需要聰明操作才有賺錢可能，投資人可依市況與自己的投資實力，決定股市的投資比重；如果股市走空，大多數投資人都是多買多賠，這時就應該降低股市投資比重，增加自己的固定收益商品比重，為自己的資產保值保本。

市場狀況	「股市投資」占「閒置資金」的比重
景氣暢旺，股市走多	股市可投資七成以上，三成以下為固定收益商品如債券或存款。
景氣持平或多空不明，股市盤整	股市投資三成至七成間，其他為固定收益商品如債券或存款。
景氣衰退，股市走空	股市投資三成以下，其他為固定收益商品如債券或存款。

時點2——景氣轉折點或初升段

　　股市漲跌與經濟景氣息息相關，通常，股市為經濟的領先指標，在投資人的預期心理下，未來景氣的好壞會提早六個月反映在股市中，因此，股市常被稱為一國的經濟櫥窗，可從中一窺未來景氣的狀況。

　　換個角度來看，當經濟景氣出現重要轉折時，就是提早布局股市的好時機出現了，而景氣的初升段，也就是股市的起漲點，未來漲升空間相當可期，如果在景氣相當熱絡時才進場布局，恐怕已經太晚，很多人都已經荷包滿滿，而晚到者可能會成為撿昂貴貨的冤大頭了。

　　所以，聰明的投資人要學會從景氣中判斷投資時機，以下提供兩種布局策略及說明：

布局策略 1. 利用景氣循環鐘判斷進場時機

　　如下圖所示，景氣不斷循環，每一個階段都有不同的表現，和合適的投資工具。

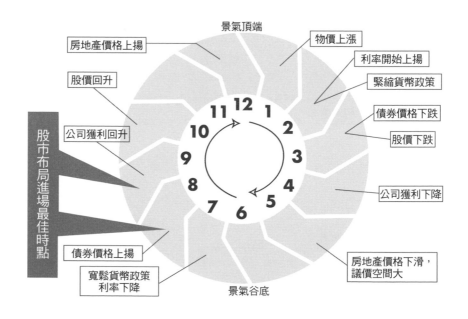

透過景氣循環鐘，我們可以清楚的知道：

當景氣處於谷底→利率不斷調降→債券價格也不斷攀升→在低利率環境激勵下，公司獲利狀況逐漸好轉→股價也漸回升→市況逐漸熱絡下，房地產價格漸回升→最後到達景氣的頂峰→物價與利率也維持高檔→央行開始採取緊縮貨幣政策以控制通膨→債券價格開始下跌→股價也下挫→公司獲利不佳→房地產價格走跌→再回到景氣的谷底。

投資人其實可以從這樣的循環中，找到最適合投資股市的時點，也就是在景氣循環鐘圖中約8、9點附近的方向進場布局，應可有不錯的獲利。

布局策略 2. 利用景氣循環趨勢圖作佈局判斷

從下圖中的景氣循環趨勢，可明白看出在不同景氣位階下應該做怎樣的布局，景氣衰退時，應加碼債券、減碼股票，景氣好轉時，應加碼股票、減碼債券。

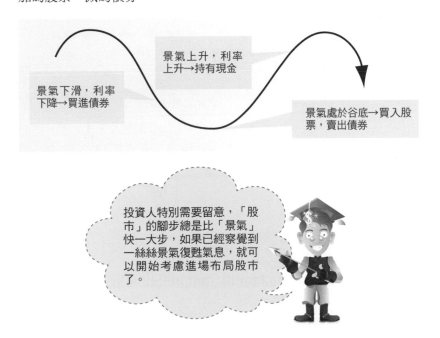

景氣上升，利率上升→持有現金

景氣下滑，利率下降→買進債券

景氣處於谷底→買入股票，賣出債券

投資人特別需要留意，「股市」的腳步總是比「景氣」快一大步，如果已經察覺到一絲絲景氣復甦氣息，就可以開始考慮進場布局股市了。

時點3——當股價跌深時

　　投資股市要想賺錢，「買低賣高」是投資人最普遍的奢望，特別是當績優股股價因為外部利空消息衝擊，影響股價超賣超跌，或是因為不實的消息打壓，影響投資信心，造成股價表現不佳，但因為公司體質仍佳，成長性也不錯，股價不應只有這樣的價位，這時，就是投資該檔股票最好的時機了，在利空消息散盡、或一切真相大白後，買盤便會進駐，股價隨之走揚，逢低進場的你，便可享有一波獲利空間了。

實例

　　台積電是國際知名的半導體公司，一直是營運相當穩健的大型績優權值股，近年來每股盈餘都超過10元以上，股價也持續穩定走高，在2020年新冠肺炎疫情肆虐擾市時，台積電更是成為撐住大盤的要角。

　　不過，在疫情蔓延過程中，台積電也難逃股價大跌的命運，從2020年2月下旬起股價陸續盤跌，至3月中下旬甚至一度跌破270元，之後在全球政府積極推出救市政策激勵下，股價才回穩攀高。

　　如今回頭看，2020年3月底當然是台積電股價跌深的極佳買點，只不過當時市場投資氣氛低迷，真正勇於逢低進長、危機入市、藉此獲利者還是少數。

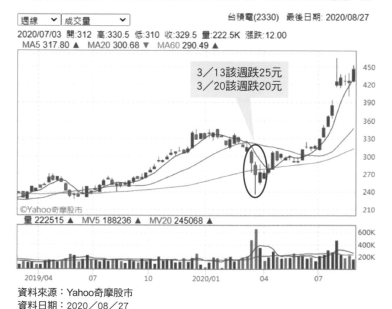

資料來源：Yahoo奇摩股市
資料日期：2020／08／27

值得跌深布局的個股條件

　　股價跌深的個股，並非都值得逢低布局，需要確定以下事項，或是具備以下特點，才值得投資：

投資窮門

- 確定大環境景氣狀況不差，也沒有太大的利空罩頂。
- 確定公司體質與財務狀況均佳。
- 確定公司營運仍具成長性，足以激勵或支撐股價進一步走揚。
- 確定使股價連連走挫的利空消息僅是空穴來風。
- 績優股、產業龍頭股跌深時最值得留意，超賣的可能性相當大，也最值得投資。

Quote

行情總是在絕望中誕生，在半信半疑中成長，在憧憬中成熟，在充滿希望中毀滅。

——華爾街諺語

時點4——當產業新趨勢出現時

　　每一個年代，都有那個年代流行的商品，民國七〇年代的電視機、民國八〇年代的電腦網路，或是現在最熱門的5G、AI人工智慧、雲端運算、物聯網、防疫商機、電動車等。這些熱門商品，背後都有生產商在股市紅透半邊天，主流產業也隨之誕生。其實，股市的投資契機便蘊藏在這些產業新趨勢與主流產業的誕生過程中，如果投資人可以盡早挖掘出這些寶藏，找出下一階段的主流產業或產業新趨勢，這時，便是啟動投資股票最好的時機了。

主流產業的輪替

　　任何國家或市場，都沒有永遠的明星產業，台灣也不例外。經過景氣的不斷循環，每個年代的明星產業也大相逕庭，值得想要找出產業新趨勢，進一步進場布局的投資人參考。這些年代中，主流產業的股價都有一大波的漲勢，投資人應多加留意。

民國**70年代**
金融業
家電業
營建業

民國**60年代**
汽車業
塑化業
紡織業

民國**80年代**
電腦業
網路業
半導體業
投信業

民國**90年代**
中國概念股
IC設計業
液晶面板業
3C通訊業

民國**100年至105年**
蘋果概念股
消費性電子
綠能環保等

民國**109年**
之後
5G
AI人工智慧
物聯網
電動車
防疫生技等

資料來源：鉅亨網

INFO 　**未來 5 到 10 年將影響世界的科技**

美國科技研究顧問公司 Gartner 在【2020 十大科技趨勢報告】中，曾揭露未來將左右世界發展的十大科技趨勢，像是超級自動化、多重體驗（AR、VR）、專業知識全民化、人類賦能大躍進、邊緣運算更進化、分散化雲端、自動化物件、實用性區塊鏈、AI 安全性等，可多留意與這些趨勢有關的科技概念股。

資料來源：Gartner；https://www.gartner.com/smarterwithgartner/gartner-top-10-strategic-technology-trends-for-2020/

產業新趨勢的 6 個觀察重點

產業新趨勢的出現與否，或是哪一個新興產業有明日之星姿態，有6個觀察重點可以提供線索：

投資窮門 ▶

- 該新產業之商品，是否進入門檻高、毛利率高、市場需求性高，且具高度成長性？
- 經濟大環境是否有利於該新產業的生存與成長？
- 該產業的景氣位階是否處於復甦或成長階段？
- 政府是否宣布扶植某些新產業？
- 媒體是否開始陸續報導某些新產業？
- 國外是否已有產業新趨勢先例，且有機會在台灣複製經驗？

> 產業的景氣循環更替頻率愈來愈迅速，明星產業不一定能像過去一般，十年一個輪迴，投資人還是要緊盯為宜。

Chapter

5

掌握股市行情

投資股票要想獲利，端看投資人能否準確掌握股市行情的變動資訊。股票投資新手如何在有限的經驗中，確實盯準多空行情？投資人怎麼輕鬆看懂密密麻麻的證券行情表？台灣股價的變動又有什麼學問？只要學會看盤、學會掌握資訊、學會運用知識，要成為股市贏家便不困難。

本篇教你

- ✓ 看懂股票行情表
- ✓ 看懂股價變動
- ✓ 何處蒐集股票行情資訊？
- ✓ 多久看盤一次？
- ✓ 看盤重點何在？
- ✓ 股市專有名詞

看懂股票行情表

目前股市投資資訊十分普遍,無論是電視、報紙、網路,都可以查詢到最新、最詳細的股市行情消息,現在,你只要在投資股票之前,先弄清楚怎麼看懂股市行情表中的重要資訊就可以了。

股票行情表應觀察重點

1. 台灣發行量加權股價指數——大盤走勢圖

一般最常討論的台股漲跌,指的是「台灣加權股價指數」的上漲或下跌。該指數代表台灣股市(集中交易市場)的整體表現,如果該指數上揚,表示多數股票是走揚的、或是由大型股帶動上揚;如果該指數下跌,則表示多數股票是走挫的、或是大型股多數表現不佳。如果當日從開盤到收盤的價格是一路走高,代表當日的交易相當熱絡;如果一路走低,代表當日交易相當清淡;如果當日起伏震盪劇烈,則意味市場氣氛多空交雜,前景較為不明確。

● 大盤走勢圖

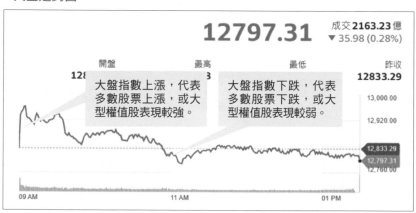

上圖資料來源:Yahoo股市 https://tw.stock.yahoo.com/;資料日期:2020/08/27

INFO 加權股價指數(大盤指數)資訊哪裡找?

大盤的歷史資料,可以到臺灣證券交易所網站(https://www.twse.com.tw/zh/)查詢(首頁就可查詢「指數走勢圖」)。

2. 成交金額

也就是「成交量」，意即當日買家與賣家撮合，最後成交的總金額。股票市場必須有人要買、有人要賣，交易活絡，股市才有表現，因此成交金額愈高，表示當日交易愈活絡，成交金額愈低，表示當日交易愈清淡。

3. 各產業分類股價指數

臺灣證券交易所編製的產業指數共計36大類，如食品類、紡織纖維類、電子類、金融類等，分別揭露各產業類股的表現。由產業類股指數的強弱漲跌，可以觀察市場中哪些產業表現較強勢，哪些產業較弱勢，留意後續投資機會。

4. 其他「主題式」指數

除了前述產業指數，臺灣證券交易所還自編「部分集合指數」如「臺灣公司治理100指數」、「小型股300指數」，也與富時(FTSE)合編9支主題指數如「臺灣高股息指數」、「臺灣基本面50指數」等，亦與銳聯財智(Rayliant)合編2支指數如「臺灣就業99指數」、「臺灣高薪100指數」，這些指數都是外資投資台灣股市的重要參考依據，投資朋友也可以從這些指數中找尋代表性權值股，列入投資口袋名單。

INFO 查詢「產業分類指數」與其他「主題式」指數

到臺灣證券交易所首頁 (https://www.twse.com.tw/zh/)【指數資訊】→【本公司股價指數與授權】→【指數系列】，便可查詢這些指數相關資訊。

資料來源：臺灣證券交易所
資料日期：2020／08／27

個股每日成交資訊

（元／股）		成交股數❶	成交筆數	成交金額	
證券代號	證券名稱	成交股數	成交筆數	成交金額	
2302	麗正	467,599	237	4,510,798	
2303	聯電	84,525,878	18,633	1,869,723,650	
2329	華泰	1,835,989	363	20,607,573	
2330	台積電	57,206,712	31,575	25,658,355,402	
2337	旺宏	17,359,454	7,064	517,295,570	
2338	光罩	8,100,380	3,679	240,812,730	

資料來源：臺灣證券交易所 https://www.twse.com.tw/zh/page/trading/exchange/MI_INDEX.html
資料日期：2020 ／ 08 ／ 27

❶ 成交股數、成交金額、成交筆數

　　表示當日總共成交的股數、總金額，與成交筆數。

❷ 開盤價、最高價、最低價

　　開盤價指當天開盤的第一筆成交價格

　　「最高價」與「最低價」指當天成交價格中的最高最低成交價
格。

開盤價	最高價	最低價	❸ 收盤價	❹ 漲跌（＋／－）	漲跌價差
9.80	9.80	9.55	9.73	－	0.02
22.50	22.65	21.85	21.95	－	0.40
11.25	11.35	11.15	11.20	－	0.10
448.00	453.50	444.00	444.00	＋	2.00
29.65	30.00	29.55	30.00	＋	0.55
29.75	30.30	29.35	29.45	＋	0.25

❸ **收盤價**

此為昨天收盤時最後一筆成交的股票價格，如果要買賣股票，可以用這個價格做為參考依據。

❹ **漲跌價差**

就是比起前一個交易日，此個股的價格漲跌點數的價差。

INFO **如何查詢個股收盤指數**

到臺灣證券交易所首頁（https://www.twse.com.tw/zh/）→【交易資訊】→【盤後資訊】→【每日收盤行情】，選擇日期、分類產業，便可查詢個股報價相關資訊。

看懂股價變動

　　決定要買賣一檔股票之後，你還必須提出想要買賣該檔股票的價格。這時你必須了解，高價股與低價股間的報價差異，高價股與低價股間，股價跳動的標準也有不同，以及漲、跌停的限制。除此之外，股票除權、除息對股價變動的影響等，也是投資前必須知道的基本概念。

Point1 不同股價的變動單位

　　不同價位的股票，價位的波動也不相同，這是投資人在投資前必須明白的基本概念。

不同價位股票的變動單位				
股價（元）	變動單位（計價單位）	舉例個股	前一日收盤股價（元）	上下一單位的股價跳動狀況
0～10	0.01元	2409 友達	9.81	上漲一單位 9.82 元 下跌一單位 9.80 元
10～50	0.05元	2303 聯電	23.95	上漲一單位 24.00 元 下跌一單位 23.90 元
50～100	0.10元	2317 鴻海	81.40	上漲一單位 81.50 元 下跌一單位 81.30 元
100～500	0.50元	2330 台積電	419	上漲一單位 419.50 元 下跌一單位 418.50 元
500～1000	1.00元	2454 聯發科	680	上漲一單位 681.00 元 下跌一單位 679.00 元
1000 以上	5.00元	3008 大立光	3900	上漲一單位 3905.00 元 下跌一單位 3895.00 元

資料來源：臺灣證券交易所；資料日期：2020／08／13

　　由左頁圖表得知：當某股股價未滿10元，其計價單位乃是1分；10元以上未滿50元股票，其計價單位為5分；50元以上未滿100元股票，其計價單位為1角；100元以上未滿500元股票，其計價單位為5角；500元以上未滿1,000元，其計價單位為1元；1,000元以上股票，其計價單位為5元。

實例

> 小王要買大立光股票，由於股價已高達**3,900**元，且股價超過**1,000**元的變動單位為**5**元，因此小王下單時，只能以**3890**、**3895**、**3900**、**3905**、**3910**元……每**5**元為一單位來報價，不能說「我要以**3901**元買進大立光一張」；同樣的，要下單鴻海，也不能說「我要以**81.41**元的價位買進鴻海一張」，因為鴻海股價最小的變動單位為**0.1**元。

公司對股東們發放股票股利，股價在發放股利後進行調整，便是除權；公司對股東們發放現金股利，股價在發放現金後進行調整，便稱為除息。

Point2 股價的漲停、跌停的價格變動

　　台灣股市目前的漲跌幅限制為10％，因此，股價的漲停、跌停價格變動，必須同時符合兩大遊戲規則，也就是前頁所提到的，不同價位股票的漲跌變動單位，以及最後的漲停、跌停價格都不能超過前一日收盤價的上下10％。實際計算股價的漲、跌停價格時，如果出現小數點，則以「無條件捨去」或「無條件進位」判斷找出符合「股價不超過前日收盤價上下的10％」的價格。

實例

> **鴻海前一日的收盤價為81.40元，當日股價不得超過前一日收盤價的上下10%，那麼，鴻海的漲停、跌停價格如何計算呢？**
>
> 漲停價＝前一日收盤價＊（1＋漲幅10％）
> 鴻海漲停價＝81.40元＊110％＝89.54元
> 因為鴻海股價變動幅度為0.1元
> 所以鴻海實際的漲停價為89.50元
>
>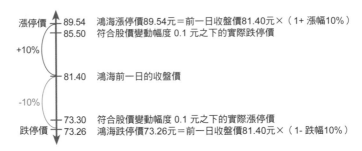
>
> 跌停價＝前一日收盤價＊（1－跌幅10％）
> 鴻海漲停價＝81.40元＊90％＝73.26元
> 因為鴻海股價變動幅度為0.1元
> 所以鴻海實際的漲停價為73.30元

不同價位的股票漲停、跌停價格

股價（元）	變動單位（計價單位）	舉例個股	前一日收盤股價（元）	先計算出今日的漲停跌停價格	實際的漲停跌停價格
0～10	0.01元	2409 友達	9.81	漲停10.791元 跌停8.829元	漲停10.79元 跌停8.83元
10～50	0.05元	2303 聯電	23.95	漲停26.345元 跌停21.555元	漲停26.30元 跌停21.60元
50～100	0.10元	2317 鴻海	81.40	漲停89.54元 跌停73.26元	漲停89.50元 跌停73.30元
100～500	0.50元	2330 台積電	419	漲停460.9元 跌停377.1元	漲停460.5元 跌停377.5元
500～1000	1.00元	2454 聯發科	680	漲停748元 跌停612元	漲停748元 跌停612元
1000以上	5.00元	3008 大立光	3900	漲停4290元 跌停3510元	漲停4290元 跌停3510元

資料來源：臺灣證券交易所；資料日期：2020／08／13

INFO

更多關於集中市場交易制度的介紹，可以直接到這裡逛逛：
臺灣證券交易所首頁（https://www.twse.com.tw/zh/）→【產品與服務】
→【交易系統】→【一般交易】；
或直接點或輸入此連結：https://www.twse.com.tw/zh/page/products/
trading/introduce.html

Point3 股票除息、除權時的價格變動

股票投資人身為股東，都有機會得到公司所分配的股票或股利。但當公司分派股票與股利的時候，股價也會隨之變化。

1. 除息時

除息日基準價格＝除息日前一天的收盤價－現金股利

實例

> 易博士公司決定每張股票（每千股）將配發1元現金股利，「除息日」前一天它的股票收盤價為30元，則除息當天該股票股價的開盤基準價格為：
>
> 除息日基準價格＝前一日收盤價30元－現金股利1元＝29元

如果後來該股票股價漲回到「除息日」前一天的價位 30 元以上，該股票股價便可稱為已經「填息」。

INFO **除權日、除息日皆在股東會上公布**

每年到了 5～6 月股東會召開的季節，各家上市上櫃公司便會陸續公布今年配發股票股利或現金股利的政策，除權與除息日也會接連公布。通常長期投資者，都會參加股票的除權除息，並等待填權與填息，但如果行情不好，短期間就比較難盼到手中的股票填權或填息。這些配股或配息的資料，在財經網站與媒體上都有相當詳細即時的資料。

2. 除權時

$$除權日開盤基準價格 = \frac{除權日前一天收盤價}{1 + 配股率}$$

$$配股率 = \frac{股票股利 \times 每張1,000股 \div 面額10元}{每張1,000股} \times 100\%$$

實例

城邦公司決定每張股票（每千股）將配發**2**元的股票股利，也就是每張（**1,000**股）股票可以配到**200**股股票，則其「配股率」為：

股票股利2元×1,000股÷面額10元＝200股

$$配股率 = \frac{200股}{1,000股} \times 100\% = 20\%$$

如果城邦公司股票「除權日」前一天收盤價為**120**元，則除權當天該股票股價的開盤基準價格為：

$$除權日開盤基準價格 = \frac{收盤價120元}{1 + 配股率 20\%} = 100元$$

如果後來該股票股價漲回到「除權日」前一天的價位120元以上，則該股票股價便可稱為已經「填權」。

133

蒐集投資資訊與管道

　　對於股票投資的入門者，蒐集股票投資資訊是相當重要的課題，如果能夠取得即時、實用、深入的資訊，對投資的判斷與結果，常能發揮關鍵性的影響。要蒐集有效的投資資訊並不困難，只要把握幾個重要管道，無論官方或民間單位的資源都好好加以運用，投資新手的功力將會大大增進。

取得投資資訊的 4 種管道

來源1. 官方單位

　　證券市場主管機關為維持市場秩序以及交易資訊的透明性，使每一位投資人都能公平地在市場中完成交易，因此，會提供相當豐富、及時，同時也具公信力的市場資訊，給投資人做為投資的參考依據。證券市場主管機關，包括：「證券暨期貨市場發展基金會」、「證券交易所」、「櫃檯買賣中心」等，都有這樣的資訊服務。此外，像「中央銀行」、「財政部」、「行政院主計處」等單位，常會公布相當重要的總體經濟指標，也相當值得投資人留意。以上官方單位的電話、住址、網站資訊等，請參閱附錄P.204。

無論是官方或民間的投資資訊，都有「實體版」與「虛擬版」。「實體版」需要親自去索取或購買，而「虛擬版」就是網路版，所有投資人都可以直接到他們的網站中搜尋，常可發現許多出乎預期的有用資料。

來源2. 證券商

　　各大券商為吸引更多投資人成為其客戶，常會提供相當詳盡的研究報告，做為客戶的投資參考。通常，規模愈大的證券公司，研究資源愈豐富，所提供的報告品質與頻率也愈佳。尤其是目前全球股市與

產業連動密切，具外商背景、擁有國外資源的券商提供的資訊更能即時反應市場動態與話題。

　　除了研究報告，到證券商的網站也可以得到相當多的資訊，包括新聞、基本面、技術面、籌碼面等量化資料。各大券商的資訊，請參閱附錄P.205。

來源3. 媒體

　　財經媒體，包括報紙、雜誌、網路、與廣播電視，都提供著相當豐富的投資訊息。電子媒體以即時性見長；報紙則可獲得每

日市場的焦點分析；雜誌週刊、月刊的專題報導最有價值；至於網路財經媒體，則同時具備「即時」與「豐富」的優點。重要的財經媒體網站，請參閱附錄P.205。

來源4. 圖書館

　　圖書館是資源最多的地方之一。一般圖書館通常藏有相當多的財經書籍，而「證券暨期貨市場發展基金會」內的圖書館，為專業的證券圖書館，裡面的

資料實用性更佳，相關資料更豐富。其圖書館相關資訊，請參閱附錄P.204。

多久需看盤一次？

投資新手最常問的問題：我應該多久看盤一次？需要天天盯著股市行情表嗎？究竟看盤的重點應該放在哪裡……，這些問題，必須看投資人是投資哪一類型的股票，以及其看盤的心態。

以投資股票的類型區分看盤週期

績優股		
投資特性	投資績優股是長期投資的計畫，天天看盤，容易被一時的股價漲跌而擾亂。
看盤方式	不需要天天看盤、日日盯住股價起落，頂多一週看一次股價變化、市場多空消息等即可。

熱門股、話題股		
投資特性	這類股票，很容易在短期間有相當大的變化，投資人也常期待短線有所獲利。
看盤方式	需要每天盯著股票與市場消息，觀察最恰當的買賣點，以及避免潛在的風險。

看盤週期1. 每日觀盤重點

- 當日大盤走勢，市場氣氛是多或空？
- 當日法人動向，買超或賣超？
- 當日個股股價變化，是否出現特別的異常，如漲停、跌停、成交量大增或低迷等。如果出現異常，需要找出原因。
- 觀察重要的技術面指標變化，如RSI、移動平均線、乖離率等。
- 當日是否有重大的利多、利空消息？
- 當日是否有企業公布重大消息？

投資窺門 ▶

- 需要有健康、正確的觀盤心理，不因短期消息或股價波動而擾亂了自己的投資計畫。
- 財經媒體、券商網站在報導與報告中，都會提供「今日觀盤重點」等建議分析。

看盤週期2. 每週觀盤重點

- 當週大盤表現，市場氣氛多空。
- 當週法人動向，買超與賣超氣氛。
- 技術面的週線變化。
- 當週熱門類股的輪替狀況。
- 當週重要利多利空消息與衝擊。

投資竅門

- 先回顧上週重要股市訊息，再挑出本週值得留意的重大財經事件。
- 看看自己股票價格的漲跌，以及分析股價在上週為何會收紅或收黑。
- 財經媒體、券商網站在每天的報導與報告中，都會提供「本週觀盤重點」等建議分析。

看盤週期3. 每月觀盤重點

- 當月大盤表現、類股表現、成交量，與融資融券餘額變化。
- 當月法人動向，買賣超狀況。
- 當月景氣冷熱狀況、下月景氣趨勢。

投資竅門

- 如果當月是財報公布月，自己所投資公司的獲利狀況便是最重要的焦點，你也可以參考媒體、券商提前出版的相關預測與分析。
- 產業趨勢值得留意，每月觀察一次所投資公司產業的景氣位階變化。
- 財經媒體、券商網站在每天的報導與報告中，都會提供「下月投資策略」等建議分析。

如果所投資的股票價格接近設立好的損益點時，就需要增加看盤頻率，以尋求最適當的賣點；市場上發生重大政經事件，也要增加看盤頻率，藉以觀察對市場的衝擊、影響。

137

常見股市專有名詞

　　投資新手在翻閱報章雜誌，或是與他人討論股市投資時，一定會聽到不少的「股市特有語彙」，如果搞不清楚它的意思，就很難讀懂報章雜誌中的股市消息，或是與別人討論投資議題，甚至會影響自己進出場的機會、與自己的投資判斷。以下整理出最重要的幾項股市專有名詞，加以解釋，以幫助投資新手更快上軌道。

股市專有名詞說明	
多頭市場／牛市（bull market）	當市場中，買進股票的人比賣出股票的投資者多時，即稱為「多頭市場」。
作多	「作多」是指投資人大量買進股票，他買進股票，希望股票價格上漲，然後便可再賣出獲取利潤。
空頭市場／熊市（bear market）	當市場中，賣出股票的人比買進股票的投資者多時，即稱為「空頭市場」。
作空	「作空」是指投資人賣出股票的動作，投資人賣出股票，希望股票價格因此更加滑落，未來能夠以更便宜的價格再買回來。
軋空	投資人看壞後市所以先賣出股票，希望當股價跌到一定程度，再將股票買回來，但股價卻不跌反漲，使得這些作空的投資人不得不買回股票，成為作多者，這樣的過程，即為軋空。

套牢		投資人買進股票之後，股票股價卻因重大利空消息或其他因素而持續下跌，投資人如果想要賣股票就必須面對虧損，不願認賠殺出者資金又會動彈不得，這群人可稱為套牢族。
資金行情		當市場資金充裕、浮額蠢動，在外尋找投資標的的資金相當多，如果股市出現一些機會或利多，便常會出現「資金行情」。通常在低利率時代，市場資金較不願意待在銀行，或是台幣對外幣大幅升值，外來熱錢流入造成資金行情，都會對市場造成一定影響。
內線交易		通常泛指投資人利用內部情報或消息，從事股票買賣因而獲取利益的交易行為。比如：上市公司董監事，在公司出售土地、合併，計畫增資配股等消息尚未公布之前，便先買賣股票，等消息發布之後，再利用股價變動獲取利益。內線交易的行為，在世界各地股市，包括台灣，都是違法的。
當日沖銷		在股市，如果投資人針對同一檔股票，在當天以同樣的張數，先買進再賣出，買與賣之間相互抵銷，藉以賺取差價，則稱當日沖銷。
利多（空）出盡		當市場的利多（空）消息在市場流傳已久，等到正式公布的時候，大盤或個股卻不漲（跌）反跌（漲），便可稱作利多（空）出盡。
打底		股價如果從谷底回升，上漲一陣子之後，一方面低價買進的投資人想要獲利了結、另一方面套牢者損失也因股價回升而減少，這些人因此紛紛賣出持股，使股價再度回落。如果股價再回落到當初的谷底附近，又出現強勁的買盤承接，使股價又再度回升，這樣第二次的股價回落谷底附近過程，便稱為打底。
摜壓		當市場有重大利空消息出現，常造成一般投資人急著拋售持股，而市場的主力大戶如果想要趁機逢低買進，有些會再大量殺出持股壓低行情，使一般散戶更加心生恐慌，持續賣出，在股價挫跌下，使得市場主力大戶可以趁機大量以低價承接，這種過程，便是摜壓。

Chapter

6

如何買股票？

買股票的手續已經愈來愈簡便，只要挑對證券商，並依據本篇的步驟，一步步完成證券開戶、學習如何下單買股票、了解現在最普遍的幾項股票下單方式，其實「買股票」就像到便利商店買東西一樣簡單安全。

本篇教你

- ☑ 如何完成買股票的所有手續？
- ☑ 如何挑選最佳的證券商與交易平台？
- ☑ 如何開戶？
- ☑ 股票下單的方式
- ☑ 如何買零股？
- ☑ 如何申購新股？

如何買股票？

　　研究完股票這項投資工具，討論過挑選第一張股票的學問，也分析了進場買股票的好時機，現在就回到實務面，來介紹買股票的步驟，以及應該注意的地方。其實，台灣股票市場已經發展成熟，買賣股票相當方便，一切過程也十分安全，只要每個交易步驟留意一些小細節，便可確保自己在交易過程的順利無礙。

買股票 step by step

Step1. 選擇券商與交易平台
投資人買賣股票，一定要委託券商交易，透過券商的電子交易平台或營業員，協助下單、交割作業，安全順利的完成股票買賣手續。

Step4. 交割
　　下單買到股票後，便是款券交換的交割手續了。當交割手續完成後，集保存摺就會出現買進股票的紀錄，這樣就完成「買進股票」的手續了。

只要選擇知名、具信譽的券商，買賣股票的手續、過程，其實就像買賣一般商品一樣安全。但這裡指的「安全」是指交易流程，不幸買到地雷股則另當別論。

Step2. 開戶

決定券商後，攜帶證件到券商櫃台辦理開戶手續。有的券商也提供線上開戶，不必親自臨櫃辦理。

Step3. 下單、委託買進

完成開戶後，可以透過電話委託、線上交易等方式，開始下單買股票。

如何選擇證券商？

在網路科技發達、智慧手機普遍的現代，打電話給券商營業員下單的傳統交易方式，已愈來愈少見，建議投資新手可直接選擇一家值得信賴的券商開立帳戶，透過其電子交易平台來買賣股票。至於要選哪一家券商呢？可以留意下述 4 大重點：

重點 1 規模大

通常，規模較大的證券公司資源多、制度較完善、誠信也較佳，能提供的服務如看盤軟體、交易平台、研究報告等品質也較優。

重點 2 服務好

一家券商提供的服務好不好，從開戶的過程就可以感受到（開戶人員是否熱忱專業）。其次就是看盤與下單軟體是否順手流暢、好用易懂。

INFO 台灣哪家證券商的經紀業務市占率最大？

2020 年（1 ～ 7 月）證券經紀業務（股票交易）市占率前三名的證券商分別為元大（12.35%）、凱基（8.32%）、富邦（5.24%）。想查詢其他券商的市占率，可以到臺灣證券交易所首頁（https://www.twse.com.tw/zh/）→【交易資訊】→【統計報表】→【證券商月報】，下載相關報表。

重點 3 手續費折扣佳

股票買賣手續費為公訂價，買進和賣出都要付0.1425%的手續費。但有些券商為吸引客戶，會提供手續費折扣（特別是電子下單折扣較佳），甚至祭出5折或更低的優惠。

重點 4 據點多

如果喜歡偶爾逛逛號子，或是開戶時需要臨櫃辦理，可以挑選據點較多的券商。不過，通常據點較多的券商，也是規模較大的大型券商。

小型的券商可能會祭出更漂亮的手續費折扣來搶生意，但須留意小型券商提供的看盤軟體是否好用，不要為了省一些手續費，換來較多不方便。

如何開戶？

　　現在股票交易的開戶手續愈來愈簡便，只要帶妥證件，填妥各項文件，然後靜候通知即可。無論是臨櫃辦理或線上開戶，需要的證件、開戶流程都大同小異。

1. 準備證件

- 雙證件－只要開立跟「金錢」有關的帳戶，都需要雙證件正本（除身分證以外及健保卡或駕照）。但我國國民需年滿20歲才能開立證券交易帳戶。
- 印章
- 現金1000元－買賣股票，需要特定與證券商配合的「銀行交割帳戶存摺」；如要新開一個銀行交割帳戶，則需存入現金至少1000元。

2. 填寫表單、開立帳戶

　　投資新手開立證券交易戶，需同時開立「證券集保帳戶」及「交割銀行帳戶」共兩個帳戶。

①記錄「股票進出」的「證券集保帳戶」：

存摺封面上註記「證券存摺」，主要記錄股票的進出明細，裡面是以「股」為單位。對於偏好電子交易的投資人，可以直接選擇開立「集保e存摺」App。一個電子存摺，可以記錄多個證券戶頭的交易紀錄。

INFO 紙本證券存摺 vs 手機存摺（集保 e 存摺）

一本「紙本證券存摺」代表一個證券戶頭，如果投資人跟三家證券商往來，就會有三本證券紙本存摺，想查詢最新證券庫存，就需要臨櫃登摺，保管上比較麻煩，也不環保。

在科技發達、行動裝置愈趨普及下，臺灣集中保管結算所自 2017 年推出「集保 e 存摺」APP，至 2020 年 9 月中成功開通手機存摺者已有 152.9 萬戶。

比起傳統紙本證券存摺，「集保 e 存摺」更有以下 4 點好處：

Ⓐ「帳戶整合資產配置」（多個證券戶頭資產可集中一個在一個 APP 中查詢）。

Ⓑ「證券庫存異動查詢」（除了交易時間，還可依證券代號等方式查詢庫存細節）。

Ⓒ「客製化股務通知」（股務資訊馬上可查）。

Ⓓ「自選資訊加值服務」（隨時掌握關注證券的市場資訊）。

更多相關資訊可查詢「集保 e 存摺」官網（https://epassbook.tdcc.com.tw）。

證券存摺，圖片來源：作者提供

手機存摺（集保 e 存摺），圖片來源：臺灣集中保管結算所

②記錄「資金進出」的「交割銀行帳戶」：

主要是記錄資金的進出明細，存摺封面跟一般存摺相似，但多了「證券戶」、「證券存款」字樣，裡面是以「元」為單位。

在開立完①「證券集保帳戶」之後，證券商就會請你到配合的銀行開立交割銀行帳戶，開立手續就跟開立一般的存款帳戶差不多。有些證券商有跟特定銀行配合，也可選用舊有的存款戶頭來當做「交割銀行帳戶」。

元大銀行證券存款存摺

單位名稱　　帳　　　　號　　　銀行代號
806
南京東路分行　00123456789

戶　名　王○○
Account Name　　　　　　　　　　證券存款

存　款　存　摺
Deposit passbook

元大銀行 Yuanta Bank　　yuantabank.com.tw

（存摺右上角有寫「證券存款」）

證券存款存摺，圖片來源：元大證券

　　無論是到證券商臨櫃辦理、或者線上開戶，都需要填寫開戶文件，像是「客戶基本資料表」、「客戶自填徵信資料表」、「委託買賣證券受託契約」、「電子式交易帳戶委託買賣有價證券同意書」、「線上開戶同意書」等。臨櫃辦理會有負責人員協助，如果是線上開戶，填寫過程也可洽詢線上專員。

3. 等候開戶成功通知

　　前述的表單填寫完送出後，就可靜待證券商通知。

　　開戶成功後，證券商會提供一份「電子交易密碼函」，投資新手必須在一定期限內開啟、登入電子交易帳戶、並修改帳號密碼。

電子交易密碼函，圖片來源：作者提供

4. 開啟網路交易／行動 APP 交易帳密

　　循著證券商提供的看盤軟體安裝流程說明，依照步驟：「登入交易平台首頁→下載相關檔案→執行安裝→變更密碼→憑證下載安裝」，完成後就可以準備下單了。

INFO　線上辦理證券開戶

一些證券商有提供免臨櫃、線上辦理證券開戶的服務，開戶流程需下載開戶 APP、或者利用手機簡訊與自然人憑證等方式，加上上傳雙證件圖片＋手持身分證進行拍照，以驗證是否為本人開戶（舉例如下圖，惟每家證券商的線上開戶流程略有不同）。

身份確認　上傳證件　填寫資料　簽署文件　銀行綁定　密碼.憑證

可使用以下方式進行身分確認：
1.手機簡訊
2.自然人憑證/晶片金融卡

需上傳雙證件圖片及手持身分證進行拍照。

相關基本資料，請務必正確填寫。

同意線上申請群益一戶通作為交割帳戶使用，無需再至銀行申請交割帳戶。

設定指定出金銀行，無需手續費即可隨時將群益一戶通餘額轉出使用。

開戶完成，線上取得憑證與密碼。

圖片來源：群益證券（https://goplus.capital.com.tw/index.html）

股票下單方式

過去投資人買賣股票，多透過現場（到證券商營業廳）下單、或打電話給營業員委託下單，如今科技突飛猛進，電腦、網路與智慧型手機便利又普及，買賣股票幾乎都是透過電子交易方式進行。以下簡單說明四種電子下單方式與流程。

1. **網頁版交易平台**：無須下載安裝軟體，直接從電腦開啟瀏覽器，便可上網下單，通常功能較為精簡，但對於不能用公司電腦隨便下載看盤軟體的上班族，透過網頁版最為方便。
2. **行動版交易平台**：透過智慧型手機或平板電腦下載看盤與下單軟體後，便可登入下單交易。
3. **AP版交易平台**：證券商提供的專業看盤下單介面，需要安裝軟體後才能下單，擁有個人化交易、報價、技術分析工具等加值服務。
4. **語音交易平台**：透過電話按鍵操作交易下單。

電子下單買進股票流程

依序輸入交易資訊：

❶《證券名稱或代號》－輸入股票名稱或代號。

❷《委託買進》－選擇買進。

❸《現股／融資／融券》－投資新手建議選「現股交易」，先不要用融資（借錢）方式買進投資。

❹《委託交易張數》－依照自身財力選擇委託買進張數。投資新手初步可以先下單買進一、兩張股票，等更有投資經驗後，再增加買進張數。

❺《委託交易價格》－
  • 先決定要「市價」（不指定價格、由市場價格來決定）、還是「限價」（指定一個理想價格）交易。
  • 如果希望以特定價格買進這張股票，就以「限價」敲進。

- 如果很想今日就買到這張股票，就選擇以「市價」敲進。因為「市價單」的撮合優先順序高於「限價單」，因此「市價單」的成交速度與成交率，都會比「限價單」高，但也可能會買得比預期更貴。
- 因為盤中下單是採「逐筆交易」競價方式，一經下單即刻撮合，建議投資新手，先採取「限價＋ROD（當天有效單）」的方式下單，以「理想價格」買到「理想股票」為目標。

❻《確定是否成功買進》－從交易系統中查詢成交回報結果。

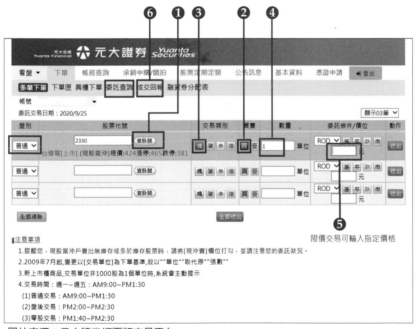

圖片來源：元大證券網頁版交易平台

INFO 「逐筆交易新制」說明

2020 年 3 月 23 日「逐筆交易新制」全面啟動，除了開盤的第一次撮合、和收盤前 5 分鐘仍採過往的「集合競價」撮合方式，其他盤中時段都改成「逐筆交易」撮合方式。

新制上路後，有 6 種委託方式可選擇。從「價格」來看，分成「限價」與「市價」；從「交易的有效期別」來看，可以分成「**當日有效 ROD**」、「**立即成交否則取消 IOC**」、「**立即全部成交否則取消 FOK**」。

價格	有效期別	委託種類
限價	當日有效 (Rest of Day, ROD)	限價ROD
		限價IOC
	立即成交否則取消 (Immediate or Cancel, IOC)	限價FOK
市價		市價ROD
	立即全部成交否則取消 (Fill or Kill, FOK)	市價IOC
		市價FOK

新增 → 逐筆交易時段適用

資料來源：臺灣證券交易所

「立即成交否則取消 IOC」，表示掛出當下允許部分成交，而未成交的委託則系統會立即刪單。更簡單來說，就是「只願意在想要的價位內成交、買不到就再重新下單」，比較適合「能搶買幾張算幾張」的投資人。

「立即全部成交否則取消 FOK」，比較是「買好買滿」的概念，如果沒有買到原本想要的足夠張數，寧可全部不買，也不會有「部分成交」發生。

無論是 IOC 或 FOK，都是下單量比較大的股友們比較有機會用到，一般投資新手，還是建議用「限價＋ ROD(當天有效單)」的方式下單較安全，也就是以特定買價下單，單掛出去直到收盤，看看會不會撮合成功，也就是過去的撮合方式。

值得注意的是，過去投資人如果下錯單，只要沒成交，都還能取消委託單，但逐筆交易新制之後，因為是即刻撮合「秒成交」，沒有反悔的空間與時間，投資新手下單時更需謹慎小心。

INFO 「強制下市」上路，財務體質差股票可望逐漸退場

「買對股票讓你上天堂、買錯股票讓你住套房」，想必投資人都不想買到爛股票住套房！2020 年 4 月起「上市公司股票退場機制」上路了，如果公司上市後財務狀況不佳，遭簽證會計師出具「繼續經營能力存在重大不確定性」查核報告，或是連 12 季每股淨值低於 3 元者，且被打入全額交割股後限期內仍無法改善者，就會被強制下市。

交割

　　買股票下完單，確定成交以後，下一步是款券交換的交割作業。現在的交割手續已十分簡便，不用再親臨證券櫃檯「一手交錢，一手交股票」了，只要先前的開戶手續辦理完全，證券商都會為投資人處理完所有的交割手續，投資人只要記得，將證券開戶時的銀行戶頭存足錢，一切的交割作業便會由券商辦理完成。

股票交割流程

投資人下單買股票，確定成交。

券商交割部門與指定往來銀行辦理交割作業。投資人只要確定銀行戶頭有充足的錢即可。

於指定往來銀行帳戶中，自動扣取交割款項，同時自動撥入股票於投資人的證券帳戶中。

交割注意事項

Point1. 目前的股票買賣交易採取「款券劃撥制度」，也就是說，第三天為款券交換的日子，投資人必須在這天之前將所需的交割款項匯入指定的銀行交割專戶。如果這一天，銀行扣不到投資人應該要繳交的投資款，或是戶頭內餘額不足，營業員便會通知投資人趕快補足交割款，以免違約交割。

Point2. 一旦違約交割，證券商得暫緩終止委託買賣證券受託契約、並可註銷委託買賣帳戶，證券商也得以向投資人收取違約金（成交金額7%為上限），情節重大足以影響市場秩序者，甚至可能因違反證券交易法而遭檢察官起訴，面臨3年以上至10年以下之相關刑責。

Point3. 股票的過戶手續，由集保公司統一辦理，只要證券帳戶已出現新投資股票的名稱與正確股數，就表示那些股票已經為投資人所有。

Point4. 仔細核對銀行戶頭被扣款金額，與當初的交易金額與投資股數有無符合（需要多加手續費0.1425%），以及新增加的股票與張數是否正確。

如何買零股？

除了上市、上櫃股票，投資人還可以投資興櫃、未上市股票、申購新股、或者是買零股。但興櫃、未上市股票風險較大，不適合投資新手入門。至於申購新股，如果是績優成長股，投資新手或可試試。以下說明投資零股與申購新股的流程。

如何買零股？

買股票的基本交易單位是一張（共1000股），如果投資人要買的股票數量不足一張或1000股，就叫零股交易。特別是有些高價績優股，投資新手買不起一張市價數百萬元的股票，就可以先從「買零股」開始慢慢「存股」。

從證券商的下單網站或軟體中，可以找到「零股」下單買進，下單流程和一般股票交易流程大致相同，不同之處在於：

①交易時間	盤中零股交易：2020年10月26日起，盤中（9:00至13:30）也可以委託買賣零股。不過，到了13時30分盤中零股交易未成交的部分，不會留到盤後零股交易，想要盤後繼續買賣零股者，需要重新下單。 盤後零股交易：時間為13:40至14:30。

②下單價格	僅能以限價當日有效（限價ROD）進行委託。 在證券商的下單網站或軟體中選擇買進「零股」，並輸入下單的價格，就可以等待撮合。投資新手可以直接掛當天的「收盤價」買進。如果是流通性很好的大型績優股，很想當天買到股票，則可以掛漲停價買進。 

③撮合競價方式	盤中零股交易：上午9:10起第一次撮合，之後每3分鐘以集合競價撮合成交。
	盤後零股交易：僅撮合一次，所有下單的零股會於14:30集合競價撮合成交。價高者先成交，價同者就隨機成交。

④最低手續費	因為零股成交金額較小，通常證券商會有「最低手續費」的規定（常見為一次20元），建議零股交易金額不要買太少。因為如果零股成交金額僅有10,000元，但手續費一定要收取20元，相當於手續費為0.2%，比起原本的牌告手續費0.1425%多出不少，頗不划算。

無論是上市、上櫃、興櫃股票或零股交易，都可以在一般證券商的股票下單平台或軟體中找到並買進交易。因各家下單軟體介面各有特色與不同之處，投資新手可以選擇自己覺得最友善易懂的軟體來下單投資，有任何不確定的地方，也可以隨時連絡證券商服務專員提供解答。

INFO　盤中零股交易 vs. 盤後零股交易

盤中零股交易上路後，上午 9：10 起每 3 分鐘就可以撮合一次交易，每天零股可撮合的次數大大提升到 80 多次，比起過去僅限盤後交易、且僅能撮合一次相較，零股交易成交的機率也可望大大提升，對投資人而言算是福音一樁。更多「盤中與盤後零股交易」異同比較，可參考臺灣證券交易所「盤中零股交易專區」：

https://www.twse.com.tw/zh/page/products/trading/introduce14.html。

如何申購新股？

　　新上市、上櫃股票，因為常有上市、上櫃初期的蜜月行情，因此，也常是投資人關注的焦點。特別是一些獲利潛力、經營表現特別搶眼的公司，投資人便必須參加抽籤，才有機會搶到投資的機會。公司上市上櫃約前一個月是新股的申購期，投資人可以在證券商那詢問到最新的新股申購資訊。

■ 新股申購 Step by Step

　　大部分的證券商下單軟體或平台，都有內建新股抽籤的功能，流程也大同小異，以下舉例說明：

Step1. 登入證券商的下單交易平台，點入「申購專區」頁面

Step2. 點選想要申購的新股，按下「申購」

Step3. 最晚要在抽籤日的前一個交易日或營業日，在交割帳戶中存入足夠資金（認購價×1000元＋抽籤手續費20元；如有中籤，則需另外繳納50元中籤手續費）

Step4. 新股申購公開抽籤完成

Step5. 點入「申購專區」頁面，從「功能」欄中「查詢」中籤與否

Step6. 「中籤」後自動扣款申購成功，新股會直接撥到投資者的證券集保帳戶中；如「未中籤」則僅扣取20元手續費

Step7. 新股掛牌後，投資人可以找時機賣出股票，賺取其中差價

新上市上櫃公司，在剛上市上櫃時，股價連連飆升，即稱做蜜月行情。

申購新股的機會與風險

企業申請股票上市、上櫃（或增資發行新股）時，為創造市場話題，通常會將認購價（承銷價）定得較低，讓投資人感覺「有利可圖」，登記抽籤的人愈多，「超額認購」愈熱烈，中籤率愈低，市場關注度愈高。

而抽中新股的投資人，只要在新股上市（或上櫃）後任一天，以大於「認購價格」的市價賣出股票，就有獲利入袋。所以認購價格愈低、上市（上櫃）後股價愈高，獲利的空間就愈大。

認購價格＜上市（上櫃）後市價 →賺錢
認購價格＞上市（上櫃）後市價 →賠錢

如何增加新股投資贏率？

① **價差愈大，贏率愈大：**
當股票上市（上櫃）前的「市價」跟「認購價」出現價差，才能吸引投資人抽股票。目前透過證券商的下單APP，多可查到新股的價差比率，比率愈大，未來獲利空間大，愈值得下單抽籤。

② **拿到股票，伺機賣掉：**
新股上市（上櫃）第一天，就是中籤者收到股票的「撥券日期」，當天起中籤者就可賣股求利，但如果中籤者對該公司營運已有研究且看好前景，也可長抱投資。

③ **市場多頭時，蜜月機率較大：**
通常在股市大多頭時，市場交易熱絡，新股上市（上櫃）後的蜜月行情也更值得期待。反之市場走空時，新股上市（上櫃）後股價受壓的機率也較為增加。

新股的投資風險要留意

①抽籤過程中，價差不見了

　　新股從開始申購、抽籤、到實際撥券日，約需經歷6～9個交易日，如果遇到市場風向轉變、或其他不利因素，也有可能在抽新股時有價差，但拿到股票時沒了價差，變成「不賺反賠」。

②拿到股票後，追漲蜜月行情消失了

　　除了「價差」，投資人也常會期待新股的蜜月行情。但誰能保證股票上市（上櫃）後一定穩漲不跌呢？這部分的風險也是投資人必須留意的。

Story　「亞洲藏壽司」的新股蜜月夢

亞洲藏壽司（2754）在 2020 年 9 月 17 日掛牌上櫃，在上櫃前釋出 1579 張新股讓市場認購（認購價55元），結果吸引超過 51 萬件申購，中籤率僅 0.3%。亞洲藏壽司在上櫃之前，仍在興櫃掛牌交易，在新股申購期間股價飆升，在 9 月 10 日甚至出現 325.50 元的天價，媒體也熱炒「抽中一張股票可賺 27 萬」話題。

上櫃當天 9 月 17 日股價收在 108 元，中籤者當天賣股的獲利率高達 96.36%（賺 53,000 元）。不過之後蜜月行情失利，9 月 30 日股價收在 74.7 元，雖距離認購價仍有 35.8% 獲利空間，但比起上櫃前百元以上的高價，仍令不少投資人失望。

INFO 「新股公開抽籤日程表」這裡查

臺灣證券交易所首頁 www.twse.com.tw →【市場公告】→【公開申購公告】

網址：https://www.twse.com.tw/zh/page/announcement/publicForm.html

一家新股，限抽一次
針對每檔新股，每人都僅有
一次抽籤機會（即一個身分
證字號限抽籤一次）。如到
多家證券商重複申請抽籤，
就會被取消抽籤資格。

Chapter

7

我該賣股票了嗎？

　　賣股票也是一門學問，股票買得好，也要懂得賣。投資人必須學會判斷何時是賣股票的最佳時機、發生怎樣的情況最好賣股票以避免風險，以及如何賣出。賣出股票，投資才算告一段落，才能計算這次的投資值不值得。

本篇教你

- ☑ 4 個應該賣出股票的時機
- ☑ 賣出股票的步驟
- ☑ 如何賣出零股？

時點1──當股價到達損益點時

　　許多投資人不懂得何時該退場，常落入「貪念」與「恐懼」的心理陷阱，導致誤判退場時機，而損失鈔票，因此，設置損益點相當重要。適當的損益點可以幫自己釐清投資目標，理性地規畫投資的賣出時點，當股價到達損益點時，就是賣出股票的時機。本篇介紹設立損益點的兩種方法及相關細節如下：

方法 1. 百分比法

　　依據投資人的預期報酬，以及可承擔風險的能力，可以直接用「百分比法」設立損益點。

　　獲利點＝買進股價×（1＋預期報酬率）

　　停損點＝買進股價×（1－預期可承受虧損率）

實例

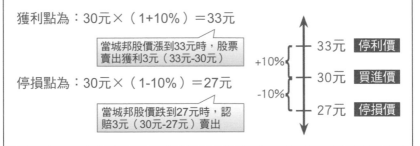

小明買進一張城邦股票股價**30元**，設定損益點為正負**10%**，因此，

獲利點為：30元×（1+10%）＝33元

當城邦股價漲到33元時，股票賣出獲利3元（33元-30元）

停損點為：30元×（1-10%）＝27元

當城邦股價跌到27元時，認賠3元（30元-27元）賣出

+10%　33元 **停利價**

-10%　30元 **買進價**

　　27元 **停損價**

投資窮門

- 多頭市場時，股票的期望報酬較高，投資人常將損益點設立在買價的正負 20%、30% 上下，甚至更多。
- 微利時代到來，投資人設立的損益點縮小至正負 10% 上下。

方法 2. 技術面的壓力點與支撐點觀察法

由股票歷史走勢狀況，可以看出股票股價的壓力與支撐點。獲利點的設立，可以用該股票的「壓力點」做為賣出判斷，停損點的設立，可以用該股票的「支撐點」做為賣出判斷。

實例

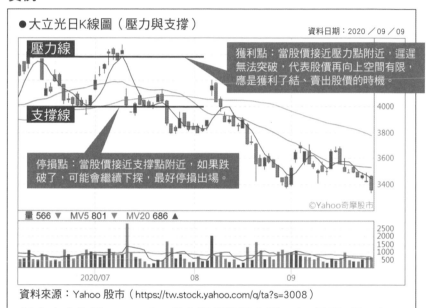

● 大立光日K線圖（壓力與支撐）

資料日期：2020／09／09

壓力線

獲利點：當股價接近壓力點附近，遲遲無法突破，代表股價再向上空間有限，應是獲利了結、賣出股價的時機。

支撐線

停損點：當股價接近支撐點附近，如果跌破了，可能會繼續下探，最好停損出場。

©Yahoo奇摩股市

量 566 ▼　MV5 801 ▼　MV20 686 ▲

資料來源：Yahoo 股市（https://tw.stock.yahoo.com/q/ta?s=3008）

以大立光為例，**2020**年**5**月底股價持續走揚，在**6**月至**7**月下旬，**4400**元為向上壓力點，**3960**元為向下支撐點。因此，當股價到達向上壓力點而難以突破，就是獲利了結、賣出股票的較佳時點；如果股價到達向下支撐點，並繼續跌破了支撐點，意味股價還會繼續下探，這時也最好停損出場。

投資竅門▶

- 如果股價突破「壓力點」的價位，表示該股價還有機會上漲，這時可以持股續抱；如果股價在這「壓力點」附近一直遭遇賣壓、股價無法突破，代表此為波段高點，建議可賣出獲利。

- 如果股價跌破支撐點的價位，表示該股票賣壓沉重，股價還有機會續跌，應該儘早賣出離場；如果股價在支撐點附近可以吸引買盤，使股價得到支撐，則意味該股股價能止跌回穩，建議續抱持股，不用急著賣出。

時點2──當景氣變差或過熱時

　　景氣的初升段或由谷底回升時，是最佳的投資股市時點，因為股市為經濟的櫥窗，通常會提早三到六個月反應，當你嗅到一絲景氣好轉的訊息，就是買進股票的時機，同樣地，當景氣過熱，以及景氣轉差時，也就是賣出股票的時候。當出現以下兩種走勢訊息時，就是該賣出股票的時機：

訊息 1. 當景氣變差時

　　當景氣由好轉差，整個社會的經濟活力由熱趨溫，然後逐漸變冷，消費者購物意願低落，企業獲利不易，公司的股票價格沒有動能繼續揚升，在股市交投漸淡之際，股價開始走跌，股市步入空頭市場。

實例

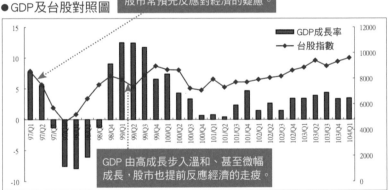

資料來源：行政院主計總處、臺灣證券交易所

民國99年第四季後，**GDP**由7％上下逐季走弱，到民國**100**年第2、3季時，降到3～4％，甚至接近0％，股市也逐步衰退。其實經濟走弱跡象出現前3～6個月，股價常會預先反應而走弱。換言之，只要發現經濟景氣有轉差的跡象時，尋求賣點的時候到了。

投資竅門 ▶

景氣變差的 5 大徵兆：
* 經濟成長力不再　　　● 失業率不再偏低　　 ● 企業獲利能力大打折扣
* 產業訂單成長率衰退　● 市場消費意願與消費力變低

訊息 2. 當景氣過熱時

　　當經濟成長持續強勁，物價連連飆漲，企業積極增資擴廠招募員工，整個經濟環境陷入追求成長的狂熱，當供需因為過度投資而失衡之際，可說是接近景氣過熱的危險區，因為，當景氣位階處在最高峰，表示由高處滑落的日子不遠。這時，如果沒有機警察覺到「高處反轉」的風險性，很容易和大眾一樣熱過頭，成為「追高殺低」的失敗者。

實例

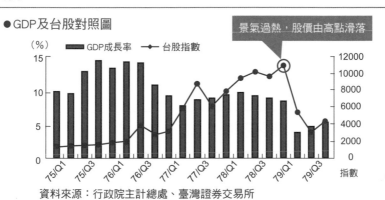

●GDP及台股對照圖

景氣過熱，股價由高點滑落

資料來源：行政院主計總處、臺灣證券交易所

「景氣過熱、股票賣出訊號出現」的最經典例子，首推民國
75~79年這段時期。民國75年以來，台灣經濟平均以兩位數的高
成長成為國際矚目焦點，77年以後，經濟成長率雖稍降，但也都
有7~8%的成長實力，這樣的景氣熱絡情形連續走了四年，終於
在79年第二、三季稍見降溫，經濟成長率降至4%上下，而台灣股
市的高峰，是在79年2月10日創下台灣加權指數12,495點的紀
錄，之後便反轉急落，步入股市空頭。

以上徵兆如果出現三個以上，投資人必須嚴
加留意，持續觀察，如果超過五個以上，表
示景氣過熱訊息相當明顯。

投資窺門

景氣過熱的 7 大徵兆：
- 經濟連續高度成長。
- 商品價格續漲，通貨膨脹壓力愈趨明顯。
- 股市交易熱絡，屢創波段新高。
- 房地產交易熱絡，房價飆揚。
- 許多公司獲利或營收屢創前月或去年同期新高。
- 產品供不應求。
- 廠商爭相增加資本投資，擴廠、擴產、增人動作積極。

167

時點3——當股價太高時

聰明又幸運的投資人，能夠買到便宜的股票，並在股票變貴、且還有人願意承接的價位下賣出。因此，當股價愈來愈高時，就該找時機將它賣掉，免得股票價格持續上揚，股價過於昂貴而沒有人要買，使得股票因此套牢。至於觀察股票價格究竟高不高，還是得回過頭來，檢視股票的基本面，以及市場對該公司的認同與評價，才能釐清它究竟值多少錢。評斷股票價格，有2大觀察重點：

重點 1. 過去股價表現

投資一檔股票之前，最好調出該股的歷史價格走勢圖，看看它的股價近年來最高與最低價位，同時，利用技術分析，找出近期的支撐與壓力點，每接近壓力點，股價相對較高；如果股價愈接近近一年高點，也愈有偏高的壓力；如果股價更接近二年、三年、或歷史的高點，投資人最好要小心，除非有特別利多支持，否則，那樣的股價可能真的太高了。

> **判斷關鍵**
> - 股價接近一年價格高點→股價偏高，考慮賣出股票
> - 股價接近二年或歷史價格高點→股價太高，賣出股票

重點 2. 獲利狀況與潛力

　　一家公司的股票價格會上揚，主要是因為這家公司會賺錢，或有獲利潛力，大家都樂於做它的股東，買進它的股票。因此，要判斷一家公司目前的股票價格高不高，就必須了解這公司現在與未來賺多少錢，才能做出判斷。通常，「本益比」是最常用的觀察指標。

本益比＝每股股價÷每股盈餘

　　「本益比」是指「投資人願意為該公司每一元的盈餘，投入多少資金」的比率，如果一家公司股票本益比為10，就表示：投資人願意用公司盈餘10倍的價格投資這家公司，本益比愈高，表示投資人願意用更高的倍數投資這家公司。

判斷關鍵 ▶

```
                  ＞以往本益比
• 目前本益比      ＞ 35            ⎫  賣出股票
                  ＞同產業平均本益比 ⎭
```

INFO　**哪裡查詢個股本益比資訊？**

臺灣證券交易所首頁（https://www.twse.com.tw/zh/）→【交易資訊】→【盤後資訊】→【個股日本益比、殖利率及股價淨值比】（依日期查詢）

網址：https://www.twse.com.tw/zh/page/trading/exchange/BWIBBU_d.html

時點4──市場出現不確定因素

通常市場出現重大的不確定消息時，會直接影響投資信心。當全部的投資人都沒有信心時，即便該利空消息對經濟或公司的實際影響並不大，或僅是短線衝擊，但股市還是難有表現。除非是確定長期投資，或確定影響有限，否則，在規避風險的考量下，應視情況退場觀望。但需注意：不確定因素造成的股價大跌，通常會使股價超跌。賣出股票，也是讓自己在股價超跌時，有資本可以進場承接，享受超額利潤。4 個常見的市場不確定因素如下：

市場不確定因素籠罩時，股市常會隨著消息的好壞轉變而起伏，投資人心情也會跟著起落，如果自己無法承受這樣心情起伏的折磨，就應該在不確定因素對市場產生影響時，賣出自己的股票。

1. 經濟因素

包括「景氣復甦的速度與強度」、「產業回春的時程」、「上市公司業績狀況」等。通常，這類的不確定因素，在於任何人都無法百分之百確定，各家證券分析師，也會提出不同看法，當市場看法愈歧異，這類的不確定因素愈強烈，對市場信心的影響愈大。如果市場普遍對景氣前景看法相對保守，或認定「景氣好壞」為一不確定因素，投資人最好先在旁觀望，風險承受度較小者，應該賣出股票。

2. 政治因素

　　像是「總統大選」、「政黨輪替」、「美中談判」、「兩岸地緣政治動盪」等變數。如果政治議題的發展已造成社會不安，勢必也會影響投資者的信心，同時削弱外資對台灣股市的興趣，股市表現也會遭受壓抑。如果預期選舉等政治方面的變數恐會持續好一陣子，投資人可以先賣出股票退場觀望。

3. 政策因素

　　包括「國安基金是否會進場護盤」、「央行是否會降息」、「政府是否會提出減稅方案」等，這些政策都是會影響市場信心的利多或利空因素，因為無法確定政府何時會公布、或者是否會實施這些政策，因此，就成為了不確定因素。不過，這類不確定因素，通常是宣示意義大於實質效果，除非是十分重大的利多利空消息，如「證交稅、證所稅的徵收」等議題，投資人可以考慮賣出股票，否則，如果是長期投資者，對於這些政策利多，可以僅當參考。

4. 天災人禍因素

　　像是「共軍武力犯台威脅」、「921地震」、「SARS風暴」、「新冠肺炎疫情」等。戰爭對市場最大的影響，在於油價的大幅波動，影響投資信心。地震、疾病等天災，不但對經濟造成衝擊，對心理面的影響更是難以預估。這些不確定因素，常造成股價大跌，也使市場在超跌後出現長期投資價值。因此，在重大天災人禍發生之際，必須緊急為此事設立停損點，如果事情一發不可收拾，股價跌到停損點便認賠出場，再等待超跌後的投資機會即可。

如何賣出股票？

　　賣出股票的流程跟手續，與買進股票相差不遠。賣出股票之前，需確定自己的集保證券帳戶內有哪些股票，才可以下單賣出，除非是要透過信用交易借券賣出（但投資新手實不適合採信用交易）。

　　跟買股票一樣，現在透過現場（到證券商營業廳）下單、或打電話給營業員委託下單賣股的人愈來愈少了，大多是透過電子交易方式進行。以下簡單說明四種電子交易賣出股票的流程。

電子下單賣出股票流程

　　依序輸入交易資訊：

① 《證券名稱或代號》：輸入打算賣出的股票名稱或代號（要先確定集保證券帳戶中有這檔股票、以及庫存張數有多少）。

② 《委託買進》：選擇賣出。

③ 《現股／融資／融券》：投資新手建議選「現股交易」，先不要用融資融券(借錢借券)方式投資。

④ 《委託交易張數》：依照集保證券帳戶中的庫存，選擇委託賣出張數。

⑤ 《委託交易價格》：

- 先決定要「市價」（不指定價格、由市場價格來決定）、還是「限價」（指定一個理想價格）交易。

- 如希望以特定價格賣出這張股票，就以「限價」敲進。

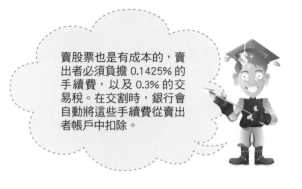

賣股票也是有成本的，賣出者必須負擔 0.1425% 的手續費，以及 0.3% 的交易稅。在交割時，銀行會自動將這些手續費從賣出者帳戶中扣除。

- 如很想今日就賣掉這張股票，就選擇以「市價」敲進。因為「市價單」的撮合優先順序高於「限價單」，因此「市價單」的成交速度與成交率，都會比「限價單」高，但也可能會賣得比預期更便宜。
- 因為盤中下單是採「逐筆交易」競價方式，一經下單即刻撮合，建議投資新手，先採取「**限價＋ROD（當天有效單）**」的方式下單，以「理想價格」賣掉「手中股票」為目標。

⑥《確定是否成功賣出》：從交易系統中查詢成交回報結果。

賣股票的交割流程

　　目前賣股票的交割流程，如買股票一般，許多部分都由集保公司與證券商代辦處理，投資人只要確定自己的證券集保帳戶中的確有足夠的股票可賣，直接向營業員下賣出委託單，再等候成交通知、比對金額是否正確即可。股票交割的流程及相關細節如下：

投資人下單賣股票，確定成交。

券商交割部門與指定往來銀行辦理交割作業。

指定的往來銀行帳戶中，所賣出證券的交割款項已自動撥入，同時，投資人的證券集保帳戶，少了一筆股票。

交割細節

- 現在的股票買賣交易，都是採取「款券劃撥制度」，也就是說，第三天為款券交換的日子，投資人會收到賣出股票後，扣掉手續費後所得的款項。
- 投資人在開戶時，已同時開立集保帳戶，所賣出的股票也會自動從投資人的帳戶中移出，不用再辦理額外手續，也不用提領實體股票再委託賣出。

如何賣零股？

想要賣出手中零股，跟買進零股的流程差不多，簡單說明如下：

①交易時間	盤中零股交易：2020年10月26日起，盤中（9:00至13:30）也可以委託買賣零股。 不過，到了13時30分盤中零股交易未成交的部分，不會留到盤後零股交易，想要盤後繼續買賣零股者，需要重新下單。 盤後零股交易：時間為13:40至14:30。
②下單價格	僅能以限價當日有效（限價ROD）進行委託。 在券商的下單軟體中選擇賣出「零股」，並輸入下單的價格，就可以等待撮合。投資新手可以直接掛當天的「收盤價」賣出。
③撮合競價方式	盤中零股交易：上午9:10起第一次撮合，之後每3分鐘以集合競價撮合成交。 盤後零股交易：僅撮合一次，所有下單的零股會於14:30集合競價撮合成交。價高者先成交，價同者就隨機成交。
④最低手續費	因為零股成交金額較小，通常券商會有「最低手續費」的規定（常見為一次20元），建議零股交易金額不要賣太少。因為如果零股成交金額僅有10,000元，但手續費一定要收取20元，相當於手續費為0.2%，比起原本的牌告手續費0.1425%多出不少，頗不划算。

INFO

賣零股時，也跟賣整張股票一樣，需支付 0.3%的證券交易稅（請參照 p.183）

Chapter

8

我的股票賺錢了嗎？

投資人最關心的一件事，就是我的股票賺錢了嗎？
精明的投資人都應該學會計算股票的獲利和投資損益，
包括股票利得、股票的投資成本與必須負擔的稅賦，以
及減去必要成本後的投資獲利。

本篇教你

☑ 如何計算主要獲利？

☑ 如何計算主要費用成本與賦稅？

☑ 計算究竟賺了多少錢？

資本利得怎麼算?

股票投資人在買進股票後,最關心的就是股票的價格變化、漲跌。如果股票漲了,賣掉便可以賺到一筆差價,漲愈多,賺愈多,這部分的股票投資報酬,稱為「資本利得」,這是股票投資最大的獲利來源,也是最容易計算的股票投資報酬。

計算資本利得

當買進股價<賣出股價時→產生資本利得

計算公式
資本利得=(賣出股價-買進股價)×投資人持有股數

實例
小王以每股40元的價位,買進大利公司股票一張共1,000股。一個月之後,該股價漲到50元,小王決定賣掉手中股票,此筆交易的股票資本利得為:

(50元-40元)×1,000股=10,000元

在「逐筆交易新制」全面啟動後,每筆股票的交易(買賣),可能會有不同的成交價。所以,如果在買賣時的交易張數超過一張,在計算資本利得時,要稍微留意一下最終的成交價分別為多少。

計算資本利損

當買進股價時＞賣出股價→產生資本利損

計算公式

資本利損＝（賣出股價－買進股價）×投資人持有股數

實例

小王以每股**40**元的價位，買進大利公司股票一張共**1,000**股。之後，大利公司股價跌到**30**元，小王決定賣掉手中股票，這一買一賣間便出現資本利損，那麼小王損失了多少錢？

（**30**元－**40**元）×**1,000**股＝ －**10,000**元

資本利得，是賣掉股票才算數的。有很多時候，投資人看著自己的股票上揚，便聲稱賺了多少錢，如果沒有真的賣掉，就不算「資本利得」；更多時候，股價漲了一波後又回跌，手上的股票雖然曾經「賺過」，但一切只是「紙上富貴」，並非真的賺到錢。

股利怎麼算？

股票投資除了資本利得，還有一項獲利來源：「股票股利」。股票股利是指：公司在一整年的經營有所獲利之後，依照股東持有股票的比例配發的股利。這部分，對於「長期投資」的股票投資者來說是相當重要的獲利來源。只要投資獲利穩定、持續成長

股利

的公司，長期累積下來，股票的股利仍可為投資人帶來相當不錯的收益，特別是在股票空頭時代，股票股利便格外受到投資人期待。

計算股利

公司配發股利的方式可分為現金股利和股票股利2種。

現金股利

計算公式
現金股利＝配發的股利×持有股數

實例
小陳持有大勝公司股票兩張共2,000股。
大勝公司宣布將配發現金股利1元，那麼小陳將可領到的現金股利為：

1元×2,000股＝2,000元

目前所有股票交易的交割手續都已用「款券劃撥」方式進行，這些現金股利與股票股利的發放，也會在扣除相關手續費之後，將投資人應得部分，直接匯到投資人的股票或銀行帳戶中。

股票股利

計算公式 1. 配發到多少股？

股票股利＝配發的股票股利×一張股票1,000股
　　　　　÷股票面額10元×持有張數

實例

小陳持有大勝公司股票三張共3,000股。
大勝公司宣布將配發股票股利2元，那麼小陳將可領到的股票股利為：
2元×1,000股÷10元×3張＝600股

算出股票股利的價值

計算公式 2. 股票股利的價值

股票股利的價值＝股票股利×股票市價

實例

大勝公司市價為30元，小陳配發到200股股票股利，如果將這些股子賣掉，可以獲利多少元？
200股×30元＝6,000元

買賣零股的成交價格，與一般普通交易一樣，以當日個股開盤參考價上下10%為限。投資人可以將股子股孫湊到一張（1,000股）後，再賣出也可以。

手續費與證券交易稅怎麼算？

　　任何投資，都有投資成本，買賣股票的主要交易成本有買進與賣出時的手續費與賣出後課徵的證券交易稅。因此，計算投資是賺或賠，一定要將這些成本與費用計算在內，才是投資人真正賺到的錢。

1. 計算手續費

　　交易成本→給證券經紀商的手續費

買進時

> **計算公式**
> 買進手續費＝買進成交金額×0.1425%×買進張數
>
> **實例**
> 老王買進今日公司股票一張，成交價格40元
> 買進手續費：40元×1,000股×0.1425%×1張＝57元

賣出時

> **計算公式**
> 賣出手續費＝賣出成交金額 ×0.1425% × 賣出張數
>
> **實例**
> 老王在今日公司股票漲到 50 元時決定賣出
> 賣出手續費：50元×1,000股×0.1425%×1張＝71元

2. 計算證券交易稅（證交稅）

證券交易稅在賣出股票時支付，買進股票時不用支付。

證券交易稅→給政府的賦稅

賣出時

> **計算公式** **證券交易稅＝賣出成交金額 ×0.3％ × 賣出張數**
>
> **實例** 同前例，老王在今日公司股票漲到50元時決定賣出，必須支付證券交易稅：
> **50元×1,000股×0.3％×1張＝150元**

計算單筆投資的實得利潤

賣出成交價減去所有的成本，就是投資人的實際利潤所得

賣出時

> **計算公式**
> **總付出成本＝買進成交價＋買進手續費＋賣出手續費＋證券交易稅**
> **實得利潤＝賣出成交價－所有成本**
>
> **實例** 同前例，老王在股票漲到50元賣出時，扣除投入成本40,000元、手續費57元、71元，以及證券交易稅150元，實得利潤有多少？
> **總付出成本　40,000元+57元+71元+150元＝40,278元**
> **實得利潤　（50元×1,000股）－40,278元＝9,722元**

INFO **個人證券交易所得稅（證所稅）已停徵**

自民國 105 年 1 月 1 日起已停徵個人證券交易所得稅，投資股票又少了一項交易成本。

算算我賺了多少錢？

要計算出到底賺了多少錢很簡單，只要將投資所得加總，再扣除交易成本即可。精明的投資人可以發現資本利得是報酬最高、或是虧損最多的部分，如果資本利得與發放股利有不錯的收益，扣除手續費與交易稅，仍可保有相當的收穫；如果資本利得與發放股利獲利不多，扣掉手續費與交易稅，有時會有賠錢的可能。

計算投資損益

計算公式
股票投資損益＝資本利得＋發放股利－交易手續費－證券交易稅

實例
老王買進今日公司股票一張，成交價格40元。在持有今日公司股票期間，配發現金股利2元，六個月後，股價漲到50元，老王決定賣出股票，那麼老王總共賺了多少錢？

- 資本利得＝（賣出股價－買進股價）×投資人持有股數
（50元－40元）×1,000股＝10,000元
- 現金股利＝配發的股利×投資人持有股數
2元×1,000股＝2,000元
- 買進股票手續費＝買進成交金額×0.1425％
40元×1,000股×0.1425％＝57元
- 賣出手續費＝賣出成交金額×0.1425％
50元×1,000股×0.1425％＝71元
- 證券交易稅＝賣出成交金額×0.3％
50元×1,000股×0.3％＝150元
- 股票投資損益＝資本利得+發放股利－交易手續費－證券交易稅
10,000＋2,000－（57+71）－150＝11,722元

★老王獲得的現金股利為2,000元，低於5,000元的課徵門檻，因此不必另外扣除「補充保險費用」。
總結，老王買賣這筆總共賺了11,722元。

公營行庫如郵局與台灣銀行等金融單位所公布的利率，常是大眾比較定存利率的參考標準。

對照定存

定存利率最常被投資人拿來做為判斷投資股票是否划算的工具。如果投資股票的獲利高於定存獲利，即代表投資划算，反之，定存獲利高於投資股票獲利，則代表投資不划算。

實例

如果當初老王將投資今日公司的**40,000**做為定存，年利率**1％**，
半年後的利息所得為：
本金×年利率×0.5（半年）＝利息所得
40,000元×1％×0.5＝200元
存入定存老王賺得利息**200元**　相較於投資在股票後賺入**11,722元**
投資股票比定存多賺了**11,522元**。：

股票利得 ＞ 定存利息 → 投資股票的決定是正確的

INFO 「股利所得」也要繳納二代健保補充保費

只要單筆發放的「股利金額」在 2 萬元（含）以上，就要繳交 1.91% 的「二代健保補充保費」（會從現金股利中預扣）。不過，一般投資新手交易張數較少，應不大會被扣取「二代健保補充保費」。

如何活用
股票投資策略？

投資股票要想獲利，除了認真做功課，還必須靈活
運用策略性的投資方法，才能在聰明選股之後，透過靈
活進出，增加獲利機會。股票投資策略包括：長期投資
與短線進出、多空市場投資技巧、分批買賣投資法則，
以小額入手高價績優股、長抱高息股及信用交易等。

本篇教你

- ✓ 長期投資與短線進出策略
- ✓ 多空市場投資技巧
- ✓ 分批買賣投資法
- ✓ 小額入手高價績優股
- ✓ 長抱高息股
- ✓ 信用交易

策略1──長期投資與短線進出

　　台灣的股票投資人，一向以積極進出、賭性堅強聞名。股市更流傳了一句話：在台灣，因為投資股票而賺錢的人，不到全體投資人口的一成。這是否意味著，在股市短線操作難以獲利，僅能靠長期投資？而長期投資抱股不動，就一定賺錢嗎？其實，這些問題都沒有正確答案，但對於股市新手而言，不建議短線進出，因為短線進出要想獲利不但要有很好的投資眼光與功力，運氣也要很好才行。

什麼是長期投資與短期進出？

長期投資	投資並持有股票期間至少超過一年以上，才算長期投資。長期投資並不保證最後一定獲利，但只要選對股票，至少能避免短線進出時常見的低賣高買問題，幸運的話，還能年年配股配息，並賺得資本利得。
短線進出	投資並持有股票少於一年，甚至當日買進賣出，便可稱短線進出。短線進出也不一定賺不到錢，短線進出時點極難掌握，而且進出手續費常會侵蝕不少獲利的空間。

投資窮門

- 切忌因為套牢才改口說要長期投資。股票是不能抱著等回本的，如果等股票回本才換股，失掉的將是更多的投資與獲利機會。

- 針對股票設立停損點非常重要，因為賠錢而賣股雖然是困難的決定，但是投資股票更重要的是看未來表現。

- 如果手上的股票在未來一年內展望依舊不佳，就要當機立斷把股票賣出，而不是用長期投資為藉口，增加虧損與機會成本。

根據美國投資人的經驗，短線進出的年平均報酬率要和長期投資一樣，則投資人猜對市場多空趨勢的機率要超過七成以上才行！

長期投資VS.短線進出優缺點

	長期投資	短線進出
優點	• 選對股票後，就不用天天看盤花費精力去決定進出時機。 • 可以採基本面選股投資法，較不用依賴技術分析。 • 較為安全。 • 獲利狀況較為穩定。	• 對於期望短線能有高報酬的投資人，這是唯一的投資策略。 • 變現性較佳。 • 必須每天看盤，輔以技術分析，股票投資與分析經驗累積較易豐富。 • 可隨時調整投資組合的狀況。
缺點	• 變現性較差。 • 如果沒有選對股票，長期抱股也只會擴大賠錢的幅度。	• 投資盲點難克服，容易低賣高買。 • 每天盯盤耗費相當多精力。 • 獲利性極難掌握。 • 容易追漲殺跌，安全性較低。

Quote

要成為一個成功的長期投資者，並不需要超高的智商、銳利的眼光，或是內線消息。投資人真正需要的，是一個扎實嚴謹的投資決策架構，以及有足夠的能力，不讓自己的情緒干擾這個決策架構。

——華倫・巴菲特（Warren Buffet）

策略2——多空市場投資技巧

　　「漲時重勢、跌時重質」這句話,是台灣股市投資人常掛在嘴邊的投資策略,主要是指:在多頭市場中買股票要看「氣勢」;在空頭市場中投資則要看「價值」。如果能夠遵循這樣的多空布局策略,隨時進行汰弱留強,換取更多的籌碼空間,不但有助於整體投資組合與資產的穩定度與抗壓性,並能夠在多頭市場增加獲利空間、在空頭市場保有一定投資戰果。

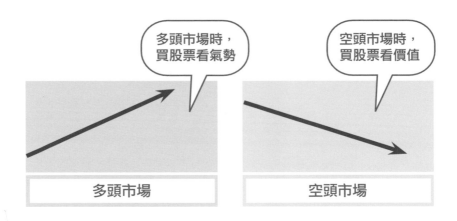

多頭市場時,買股票看氣勢

空頭市場時,買股票看價值

多頭市場

空頭市場

為何漲時要重勢?

　　股價的漲跌,主要是由市場需求所推動,而在多頭市場,許多投資人蠢蠢欲動想盡早進場布局,這時,最受矚目的股票,最能得到投資人的資金挹注,股價也最有機會表現,所以「漲時必須重勢」。換句話說,如果你看好一檔基本面很好的股票,但其他投資人並不認同,那檔股票也很難有所表現,所以,投資專家常說,投資股票就像選美,選自己覺得最美的股票並沒有用,只有挑出大家都覺得她最美的股票,才會賺錢。

> 漲時重勢的投資策略，乃是以「人氣強弱」為買賣股票的重要依據，這也是一般所說的「順勢而為」。重勢投資操作得當，可以避免因為逆勢操作而受到的損失，也可以避免「賺了指數卻賠了差價」的困擾。

為何跌時要重質？

在空頭市場，股票普遍跌多於漲，唯有體質佳、題材夠的個股，才有機會吸引市場資金投入，股價得以逆勢而走、不跌反漲。因此，才有「跌時重質」的建議出現。而這裡所指的「質」，是指股票實際的內在價值，包括體質佳的「績優股」、價格低的「價值股」等。

- 跌時重質的投資策略，屬於基本分析的範疇，主要是以整體投資環境、國內外經濟情勢、個別產業前景、公司業績盈餘等各種資訊，分析整個投資環境，做為進出股市的依據，並決定買賣何種股票，這種策略，接近一般常稱的「進可攻、退可守」投資策略。
- 重質的投資策略，可以減少空頭時的投資損失，還可以因此發掘具有大幅漲升潛力，或是在大幅下跌時值得逢低承接的黑馬股票，透過融資融券交易，增加空頭時的獲利機會。

一些證券商有提供「股票定期定額」服務，每月最低只要1000元，便可以定期定額買特定股票，不過，這項服務可選擇的股票、扣款日期均有限、投資人也無法自行設定買進價格，端視當天證券商代為買進的平均成交價格而定。

策略3──分批買賣投資法

對許多投資人而言，花費了一番精神，才找出一檔值得投資的股票，但接下來的問題常是要買進多少數量的股票才恰當？加碼與減碼的策略？資金是要一次投入、還是分批進場？以下4種分批買賣投資法，都有平均成本、分散風險的效果，投資人可以視自己的財力，選擇最適合自己的策略。

1. 定期定額定股法

「定期定額定股法」是指：投資人「定時」（每月、每季或每年）以「定額資金」投資「某檔績優股」，不管市場行情如何起伏，都依此原則陸續布局，長期而言，不但有定期儲蓄的效果，也可因為「價高買少、價低買多」而使平均成本降低、分散投資風險，只要是穩健成長的績優股，這樣的投資方式，通常可使投資人穩定獲利。

實例 小王決定用「定期定額定股法」投資，於每月5日投資易博士股票一張。

1月5日，以市價40元，買進易博士股票一張。
2月5日，以市價45元，買進易博士股票一張。
3月5日，以市價43元，買進易博士股票一張。
4月5日，以市價39元，買進易博士股票一張。
}平均每張買進成本41.75元

（44元－41.75元）×4張－1,000股＝9,000元

投資竅門

這種投資法最適合工作忙碌的上班族，不過，仍應掌握下列原則：

- 以體質良好的績優股為投資對象，投資期間至少在二年以上，才能充分達到攤平成本的效果。

- 當股市由多頭轉為空頭時，必須預期空頭市場將歷時多久，如果可以等待下一波多頭到來，就可以持續投資，在成本逐漸攤平下，多頭市場到來之後，獲利將相當可觀。如果無法等待空頭市場過後、下一波多頭市場來臨，便需當機立斷暫停投資、甚至賣出股票退出股市。

當大盤指數的漲跌空間相當狹小，不是每天小漲小跌，便是漲兩天跌三天，表現不好不壞，便可稱是股市的盤整期。

2. 定值定時法

「定值定時法」中的「值」，是指所投資股票的總市值。簡單來說，就是當投資人投資數種績優股一段期間之後，便開始定期（通常是一個月）檢視自己手中股票的「總市值」狀況，並將這「總市值」維持在固定水準，超過「總市值」時，便將手中股票賣出；低於「總市值」時，便增加投資，將總市值拉回原水位。

> **實例**　小王決定用「定值定時法」投資，於每月5日檢視自己手中股票的「總市值」。
>
> 1月5日　買進數種股票，總市值30萬。
>
> 2月5日　買進的數種股票總市值漲到40萬，賣出10萬市值的股票，使「總市值」降回30萬。
>
> 3月5日　這數種股票總市值跌到20萬，再買進10萬市值的績優股票，使「總市值」升回30萬。

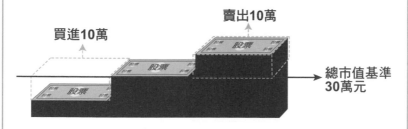

投資竅門

選擇「定值定時法」，投資人必須有雄厚的閒置資金，才可以隨時將手中股票的總市值維持在一定水準，而在股市盤整期，特別適合使用這種方法。

3. 等比買賣法

　　「等比買賣法」類似「定值定時法」，都是投資人希望能夠在股票漲時賣股獲利、股票跌時買進布局。不過，利用「等比買賣法」是指投資人在買進與賣出股票，都要以倍數為單位，這樣倍數方式的強制布局或賣出，可以增加獲利空間、降低持股成本。

實例　**小王決定用「等比買賣法」投資易博士，並以50元價位買進易博士股票一張。**
　　當易博士股價跌到45元→以45元價位再加碼買進2張。
　　如果易博士繼續跌到40元→以40元價位再加碼4張。
　　當易博士股價漲回45元→以45元價位賣出4張。
　　如果易博士繼續漲回50元，以50元價位賣出2張。

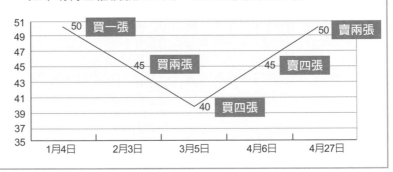

投資窺門

- 運用這種投資法，投資人必須有雄厚且長期的閒置資金，才可以隨時視股票價位的漲跌，加碼股票。
- 如果投資人能夠確實以倍數方式布局或賣出股票，而且所投資的股票都是績優股，賠錢機率應相當低。

4. 金字塔操作法

　　「金字塔操作法」策略主要為克服投資時猶豫不決的心情，透過規律投資，在股價上漲時，股票往上加碼數量依序遞減；而股價下跌時，往下加碼的數量依序遞增，這樣，不但可降低投資風險、增加獲利空間，也比較不會亂了投資步調與原則，投資心情也不會紛亂無依。

實例　小陳決定以「金字塔操作法」投資易博士，先以每張30元的價位，買進5張易博士股票（而不是將所有資金全部一次投入）。

 當股票上漲

當股價漲到31元→加碼4張
當股價漲到32元→加碼3張
當股價漲到33元→加碼2張
當股價漲到34元→加碼1張
股價如果繼續漲，不再加碼

 當股票下跌

當股價跌到29元→加碼1張
當股價跌到28元→加碼2張
當股價跌到27元→加碼3張
當股價跌到26元→加碼4張
股價如果繼續跌，不再加碼

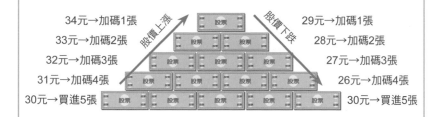

34元→加碼1張　　　　　　股價上漲　　　　　股價下跌　　　29元→加碼1張
33元→加碼2張　　　　　　　　　　　　　　　　　　　28元→加碼2張
32元→加碼3張　　　　　　　　　　　　　　　　　　　27元→加碼3張
31元→加碼4張　　　　　　　　　　　　　　　　　　　26元→加碼4張
30元→買進5張　　　　　　　　　　　　　　　　　　　30元→買進5張

投資窮門 ▶

這種投資法，能夠有效降低投資風險與布局成本，股價如果先跌再漲，獲利空間相當可期，不過，遇到股市的大多頭，獲利空間則會相對有限。

策略4——小額入手高價績優股

　　一些績優股因為獲利能力強，投資人持有意願高，股價節節高升，甚至飆上百元、千元以上，投資新手或小資族常常只能「望股興嘆」。其實，買不起一張（1000 股）高價績優股沒關係，透過零股交易一股一股慢慢買、漸漸積少成多，也能成就大財富。

高價績優股哪裡找？

①不少財金資訊網站，提供各種即時的「股票交易排行榜」，從「成交價排行」中，就可找到當下股價最高的股票。

資料日期：109 / 09 / 28 13：02	上市成交價排行							上櫃成交價排行	
名次	股票代號/名稱	成交價	漲跌	漲跌幅	最高	最低	價差	成交張數	成交值(億)
1	3008 大立光	3360.00	△5.00	+0.15%	3400.00	3330.00	70.00	280	9.4345
2	6415 矽力-KY	1715.00	△25.00	+1.48%	1730.00	1695.00	35.00	115	1.9695
3	5269 祥碩	1435.00	△20.00	+1.41%	1440.00	1390.00	50.00	707	10.0380
4	6409 旭隼	984.00	△62.00	+6.72%	986.00	930.00	56.00	142	1.3694
5	6669 緯穎	689.00	△44.00	+6.82%	689.00	651.00	38.00	1,090	7.3455
6	8454 富邦媒	689.00	△14.00	+2.07%	695.00	669.00	26.00	180	1.2273
7	1590 亞德客-KY	630.00	△12.00	+1.94%	633.00	619.00	14.00	382	2.3886
8	2207 和泰車	617.00	△14.00	+2.32%	623.00	606.00	17.00	267	1.6459
9	2454 聯發科	604.00	△19.00	+3.25%	605.00	581.00	24.00	6,450	38.2424
10	3406 玉晶光	583.00	△4.00	+0.69%	592.00	577.00	15.00	2,990	17.4542

資料來源：https://tw.stock.yahoo.com/d/i/rank.php?e=tse&n=100&t=pri
資料時間：2020 / 09 / 28

②通常高價股擁有較佳獲利力，才能支撐其股價居高不下。從這些股票中挑選獲利成長強、前景佳的個股。篩選條件如下，符合條件愈多，愈值得投資：

✓ 近年每股盈餘（EPS）持續成長、且常保 5 ～ 10 元以上。

✓ 其他獲利能力指標如純益率、毛利率、資產報酬率（ROA）等表現不俗或持續成長。（獲利能力指標在公司的公開說明書或財報有揭露，請見第三章「合併財務分析表」說明 P.84）

✓ 屬於成長型產業，企業長線成長力可期。

✓ 屬於年年獲利穩定的產業龍頭股，可長線布局。

✓ 企業知名度高，商譽良好。

③挑中一檔高價績優股，可以選擇盤中零股交易（2020 年 10 月 26
日起跑），或者盤後零股交易。以一張台積電股票 424 元（2020
年 9 月 25 日收盤價）為例，盤後如想用收盤價買一股台積電，需
準備新台幣 424 元。（如何買零股，請見第六章說明 P.156）

投資窮門

- 投資新手不擅於短線交易，加上零股交易不像單張股票那麼容易成交，
  最好以長期投資心態布局。
- 可參考台灣股市指數成分股（如台灣 50 指數、台灣中型 100 指數、
  MSCI 台灣指數）中，哪些個股獲利好、成長前景佳，從中挑選。指數
  成分股通常更易有法人資金青睞，股價較不會寂寞。
- 投資高價績優股，並不是為了它的「高價」，而是為了它的「績優」、
  看好其長線成長機會，千萬不要落入「高價就是績優、就是賺錢保證」
  的迷思。
- 善用證券商提供的定期定額存股服務。因為證券商會自掏腰包買進高價
  股，再分拆給以定期定額方式下單者，所以能保證一定成交，且每月定
  期並定額買股入袋，因為「價高買少（股數）、股低買多（股數）」，
  也可分散進場風險。

INFO　**台灣 50 指數、台灣中型 100 指數成分股一覽**

從券商或財經媒體平台，可以查詢台灣股市重要指數成分股內容。例如

1.PChome 股市：

https://pchome.megatime.com.tw/group/mkt5/cidE002.html（台灣 50 成分股）

https://pchome.megatime.com.tw/group/mkt5/cidE003.html（中型 100 成分股）

2. 臺灣證券交易所首頁→【指數資訊】：

https://www.twse.com.tw/zh/page/products/indices/series.html

策略5——長抱高息股穩健收息

　　每年（季）都有一筆「獎金」入帳，是「高息股」最吸引人的地方。「高息股」通常指獲利能力較高、能派發較多股息的股票。

　　投資「高息股」，除了有資本利得（低買高賣、除息填息行情）的獲利機會，還能有股息收入，常會讓投資人有「一舉兩得」的感覺。不過仍須注意，投資「高息股」並非獲利保證，只有選到長線穩健配息、獲利能力又出色的「高息股」，才能創造「收股息＋贏股價」的雙贏機會。

高息績優股哪裡找？

①一些財金資訊網站有提供篩股選股服務，可以點選「高現金股利殖利率」或者「高配息率」的條件，篩選出具備「高息績優股」潛力的股票名單。

②通常能派發高現金股利的企業，應是獲利佳、手上現金多，可以透過發現金股利來回饋股東們的企業。

③留意近年來的獲利表現是否穩健，以及未來的獲利空間是否仍能保有一定水準。可留意的篩選條件如下，符合條件愈多，愈值得投資：

　✓ 年年都能配發現金股利（年年都有盈餘可回饋股東）。

　✓ 年年穩定且「現金（股利）殖利率」大於 3%：
　　現金（股利）殖利率＝現金股利／股價，代表買進公司股票的錢（投入成本）、可以換到多少的現金股利回報。

　✓ 年年穩定且「配息率」小於 1（全年 EPS ＞全年現金股利）：
　　「配息率」＝現金股利／每股盈餘（EPS），代表公司決定從當年度賺到的錢、撥出來配息的比例。

　✓ 在景氣不佳時能否持續派發現金股息？像 2008 年金融海嘯時，許多企業都面臨存亡壓力，當年如仍有能力配發現金，算是體質很不錯的企業。

✓ 屬於成長型產業，企業長線成長力可期。

✓ 企業知名度高，商譽良好。

④挑中一檔高息績優股，在除息交易日之前下單入手，就可參與現金配息與股價成長獲利機會。

INFO　股息除了「年配」，也可以「季配」或「半年配」了！

2018 年公司法修訂後，只要經由公司股東會通過修改公司章程，再經董事會同意，上市櫃公司盈餘分派（現金股利配發）便可由以往的「每年配一次」，彈性調整為「每季或每半年配一次」。像產業龍頭股台積電自 2019 年 6 月就開始改採「季配息」。

除息填息行情，意指股票在配息後股價除息下修，之後在買盤推升下，股價漲回除息前的價格（填息）、甚至超越原本的股價，讓投資人「收股息、賺價差」一舉兩得。

投資竅門

- 高息股絕對是績優股嗎？不一定喔！有些公司雖然獲利率不高，但為了美化財報或其他目的，仍願意在股息上「打腫臉充胖子」，這類高息股就不值得長抱、易有「賺了股息、賠了股價」的風險。
- 一家公司是否屬於「高配息績優股」，一定要觀察近 3～5 年來的股利政策，今年高配息、並不表示未來年年都能配發高股息。
- 市場波動大時，股票的資本利得獲取不易，擁有股息收入變成不錯的小確幸，投資人也更願意持有高息股，因此高息股在震盪市場中表現通常較穩健。
- 可參考台灣高股息指數成分股中，哪些個股獲利佳、成長性強。指數成分股通常更易有法人資金青睞，股價較不會寂寞。

INFO 個股股利資訊哪裡查

從券商或財經媒體平台，可以查詢個股配發現金股息、除息相關資訊。例如：

✓公開資訊觀測站（https://mops.twse.com.tw）：
①首頁→【股東會及股利】→【除權息公告】→【決定分派股息及紅利或其他利益】（94.5.5 後之上市櫃／興櫃公司）
②首頁→【股東會及股利】→【股利分派情形】
③首頁→【彙總報表】→【股東會及股利】→【股東會及除權息日曆】

✓鉅亨網（https://www.cnyes.com）：
①【台股】→【個股】→【選擇產業】→【選擇個股】→【股利發放／除權除息】
②台積電股利發放訊息為例：https://invest.cnyes.com/twstock/TWS/2330/dividend

INFO 即時的篩股選股服務

例如：
1. 元大證券首頁（https://www.yuanta.com.tw/eYuanta/）→【選股分析】
   →【選股專家】
2. CMoney 選股網：https://stock.wespai.com/
3. PChome 股市首頁→【選股】：https://pchome.megatime.com.tw/choice
4. Goodinfo 台灣股市資訊網首頁（https://goodinfo.tw）→【股票篩選】

INFO 個股現金殖利率哪裡查

臺灣證券交易所首頁（https://www.twse.com.tw）→【交易資訊】→【盤後資訊】→【個股日本益比、殖利率及股價淨值比】（依日期查詢）

INFO 台灣高股息指數成分股一覽

從券商或財經媒體平台，可以查詢台灣股市高息股內容。例如

1. PChome 股市

https://pchome.megatime.com.tw/group/mkt5/cidE005.html

2. 臺灣證券交易所首頁→【指數資訊】

https://www.twse.com.tw/zh/page/products/indices/series.html

策略6——融資融券信用交易

　　股票買賣是以現金換股票、以股票得現金為主要交易模式。但主管機關為更活絡股票市場，於是開放「信用交易」，讓交易紀錄良好的投資人，可以向證金公司申請以信用交易方式買賣股票。向證金公司借錢買股票，只需支付一部分的款項，就能夠享受以小搏大和誘人高投報率的交易樂趣，這種方式稱為「融資」；向證金公司先借股票來賣，再透過這一賣一買間的交易賺取差價，這部分就稱為「融券」。惟本策略操作風險較大，不建議投資新手貿然嘗試。

融資交易操作模式

　　預期某檔股票股價將上揚，但手邊資金不足時，可先向證金公司融資買進該檔股票，以免錯失良機。

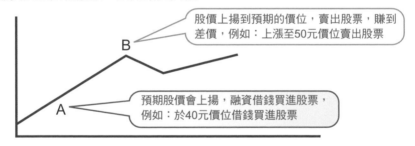

股價上揚到預期的價位，賣出股票，賺到差價，例如：上漲至50元價位賣出股票

預期股價會上揚，融資借錢買進股票，例如：於40元價位借錢買進股票

INFO　小心「斷頭」風險！投資新手還是先遠離「信用交易」

投資人要融資信用交易時，須留意自己的「整戶擔保維持率」是否守住130%，否則就會有「斷頭」風險！

什麼是「整戶擔保維持率」呢？如果投資人以自有資金 40 元、融資 60 元買進一張 100 元的股票，這時投資人的「整戶擔保維持率」=100 元股價／ 60 元融資 =166.67%（一個戶頭內的所有融資交易的股票一起計算）。

如果融資買進的股票不漲反跌，「整戶擔保維持率」跌破了 130%，大約是股票下跌兩根跌停板（兩個 10%）時，投資人就會收到證券商要求補足融資自備款的追繳通知，必須在兩個交易日內補繳保證金，讓「整戶擔保維持率」回到 130% 以上。

如未在期限內補繳，證券商就會在市場中拋售投資人的股票，在收回融資借款跟收取相關費用之後，再將餘款還給投資人，這種被強迫賣出股票的情況，就叫「斷頭」。

- 每檔個股可融資的比率不一，有些個股融資比率可達六成（交易金額如果是十萬元，其中六萬元可以向證金公司借得），有些僅達四成。但是有些體質不佳的個股，無法透過融資融券信用交易的。
- 信用交易融資利率目前（2020 年 10 月）約在 6.25%，比一年期定存利率不到 1% 要高出許多。投資人要確定信用交易獲利會超過融資成本，投資才會划算。

融券交易操作模式

　　如果預期某檔股票股價將下跌，投資人可向證金公司融券借股票先賣出該檔股票，這個借股票來賣的動作，又稱為「放空」；預期股價下跌幅度愈大，或下跌機率愈高，可增加借股張數，以增加獲利空間。

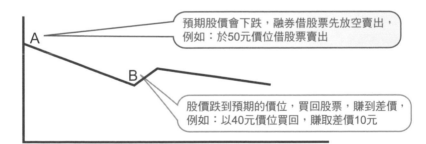

A　預期股價會下跌，融券借股票先放空賣出，例如：於50元價位借股票賣出

B　股價跌到預期的價位，買回股票，賺到差價，例如：以40元價位買回，賺取差價10元

融券窬門

- 融券交易的自備資金較高，借股票需要付出九成資金才能換得股票來賣，以小搏大的魅力較小，但能讓看準未來股價將走跌的投資人，透過先賣再買的投機方式，賺取報酬。
- 股市空頭時，投資人要靠買股票賺錢，十分困難，只有靠「融券」先賣再買，才能增加獲利機會。
- 融券交易必須擔負股價逆轉的風險。通常市場或個股後市不看好時，投資人才會融券投資，但如果融券交易之後，股價不跌反漲，投資人就必須以高價買回股票，如此不但沒法賺錢，還必須倒貼其中的價差。

政府主管機關

單位名稱	地址	電話／傳真	網址
金融監督管理委員會	220232新北市板橋區縣民大道二段7號18樓	電話：(02) 8968-0899 傳真：(02) 8969-1215	https://www.fsc.gov.tw/ch/index.jsp
金融監督管理委員會證券期貨局	106237台北市大安區新生南路1段85號	電話：(02) 8773-5100 (02) 8773-5111 傳真：02-8773-4143	https://www.sfb.gov.tw/ch/index.jsp
中央銀行	100031台北市中正區羅斯福路一段2號	電話：(02) 2357-1999 (02) 2393-6161	https://www.cbc.gov.tw/tw/mp-1.html
財政部	116055台北市文山區羅斯福路6段142巷1號	電話：(02) 2322-8000 傳真：(02) 2356-8774	https://www.mof.gov.tw/

證券相關單位

單位名稱	地址	電話／傳真	網址
臺灣證券交易所	110615台北市信義區信義路五段7號3樓、9至12樓、19樓（台北101大樓）	電話：(02) 8101-3101 投資人服務中心專線：(02) 2792-8188	https://www.twse.com.tw/zh/
中華民國證券櫃檯買賣中心	100404台北市中正區羅斯福路二段100號15樓	電話：(02) 2369-9555 投資人服務專線：(02) 2366-6100	https://www.tpex.org.tw/web/
臺灣集中保管結算所股份有限公司	105401台北市松山區復興北路363號11樓	電話：(02) 2719-5805 傳真：(02) 2719-5403	https://www.tdcc.com.tw/portal/zh/
中華民國證券暨期貨市場發展基金會	100055台北市中正區南海路3號9樓	電話：(02) 2397-1222	http://www.sfi.org.tw/
中華信用評等公司	110615台北市信義區信義路五段7號49樓（台北101大樓）	電話：(886) 2-8722-5800 傳真：(886) 2-8722-5879	https://www.taiwanratings.com/portal/front/index
中華民國證券商業同業公會	106634台北市大安區復興南路二段268號6樓	電話：(02) 2737-4721	http://www.csa.org.tw/
中華民國證券投資信託暨顧問商業同業公會	104088台北市中山區長春路145號3樓	電話：02 2581 7288	https://www.sitca.org.tw/
證券投資人及期貨交易人保護中心	105401台北市松山區民權東路三段178號12樓	投資人服務專線 (02) 2712-8899	https://www.sfipc.org.tw/MainWeb/Index.aspx?L=1
臺灣股票博物館	105401台北市松山區復興北路365號3樓	電話：886-2-2514-1300 傳真：886-2-2713-3736	https://www.stockmuseum.com.tw/
臺灣期貨交易所股份有限公司	100404台北市中正區羅斯福路二段100號14樓	電話：(02) 2369-5678 傳真：(02) 2365-7272	https://www.taifex.com.tw/cht/index
台北金融研究發展基金會	100504台北市中正區衡陽路51號6號樓之6	電話：(02) 2388 9508	https://www.tff.org.tw/

財團法人中華經濟研究院	106220台北市大安區長興街75號	電話：(02) 2735-6006	https://www.cier.edu.tw/
台灣金融研訓院	100034台北市中正區羅斯福路三段62號	電話：(02) 3365-3666	https://www.tabf.org.tw/
財團法人台灣經濟研究院	104230台北市中山區德惠街16之8號	電話：(02) 2586-5000	https://www.tier.org.tw/

投資理財資訊網站

網站名稱	網址
公開資訊觀測站	https://mops.twse.com.tw/mops/web/index
臺灣證券交易所投資人知識網	https://investoredu.twse.com.tw
Yahoo!奇摩股市	https://tw.stock.yahoo.com/
鉅亨 台股	https://www.cnyes.com/twstock/
MoneyDJ理財網	https://www.moneydj.com/
CMoney	https://www.cmoney.tw
PChome股市	https://pchome.megatime.com.tw/
經濟日報	https://money.udn.com/money/index
工商時報	https://ctee.com.tw/
Smart自學網	http://smart.businessweekly.com.tw/
商周財富網	https://wealth.businessweekly.com.tw/
今周刊	https://www.businesstoday.com.tw
華爾街日報中文網	https://cn.wsj.com/zh-hant
金融時報- FT中文網	http://big5.ftchinese.com/

證券商名單

券商代號	券商名稱	開業日（民國年）	總行地址	總行電話
1020	合庫	100/12/02	台北市大安區忠孝東路四段325號2樓(部分)、經紀部複委託科地址：台北市松山區長安東路二段225號5樓	02-27528000
1030	土銀	51/02/09	台北市延平南路八十一號	02-23483948
1040	臺銀證券	97/01/02	台北市重慶南路1段58號4樓、5樓部分	02-23882188
1110	台灣企銀	65/07/01	台北市塔城街30號4樓	02-25597171
1160	日盛	50/12/08	台北市南京東路2段111號3樓及5、6、7、8、12、13樓部分	02-25048888
1230	彰銀	63/04/13	台北市衡陽路68號3樓	02-23619654
1260	宏遠	51/02/09	台北市信義路4段236號4樓部分、5樓部分及7樓部分	02-27008899
1360	港商麥格理	85/03/25	台北市復興南路1段2號5樓及5樓之1	02-27347500

1380	台灣匯立	102/07/16	台北市敦化南路二段95號27樓	02-2326-8188
1440	美林	97/09/01	台北市敦化南路2段207號9樓部分、17樓部分	02-23763766
1470	台灣摩根士丹利	95/10/02	台北市敦化南路2段207號22樓	02-27302888
1480	美商高盛	89/07/17	台北市敦化南路2段207號11樓	02-27304000
1520	瑞士信貸	87/10/26	台北市民生東路3段109號5樓	02-27156388
1560	港商野村	94/04/01	台北市松智路1號17樓部分	02-21769999
1570	港商法國興業	92/09/23	台北市忠孝東路5段68號38樓部分	02-21750800
1590	花旗環球	96/08/06	台北市信義區松智路1號14樓(部分)、15樓(部分)	8726-9000
1650	新加坡商瑞銀	95/04/03	台北市松仁路7號5樓部分	02-87227200
2180	亞東	68/06/21	台北市中正區重慶南路一段86號2樓	02-77531899
2200	元大期貨	99/07/02	台北市中山區南京東路3段225號11樓及11樓之1、之2、之3、之4	02-27176000
2210	群益期貨	104/09/01	台北市大安區敦化南路2段97號32樓及地下1樓	02-2700-2888
5050	大展	77/08/11	台北市承德路1段17號17樓、17樓之1、之2、之3	02-25551234
5110	富隆	77/08/29	台北市南京東路3段287號3樓部分	02-27182788
5260	大慶	77/09/06	台北市民生東路2段174、176號3樓部分、4樓、174號12樓	02-25084888
5320	高橋	77/09/23	桃園市中壢區中和路92.94.96.98號	03-4224243
5380	第一金	77/10/06	台北市中山區長安東路一段22號2樓部分及4樓	02-25636262
5460	寶盛	77/11/02	台中市北屯區北興街43號1樓、2樓	04-22309377
5600	永興	77/12/01	台北市南海路20號2樓部分、3樓部分	02-23218200
5660	日進	77/12/13	苗栗縣苗栗市中正路426號4F	037-332266
5850	統一	78/04/03	台北市東興路8號1樓、2樓部分、3樓部分、5樓部分	02-27478266
5860	盈溢	78/04/03	高雄市新興區七賢二路38號	07-2888516
5870	光隆	78/04/07	花蓮縣花蓮市公園路26號4,5,6樓	038-352181
5920	元富	78/05/29	台北市復興南路1段209號1、2、3樓	02-23255818
5960	日茂	78/07/03	南投縣草屯鎮草溪路1020號2、3樓	049-2353266
6010	犇亞證券	78/07/25	台北市復興北路99號3樓、6樓及6樓之1	02-27180101
6110	台中銀	102/05/02	台中市民族路45號1、2樓	04-22268588
6160	中國信託	78/08/19	台北市南港區經貿二路168號3樓	02-66392000
6210	新百王	78/08/21	高雄市前金區中華三路11號5樓及地下一樓	07-2118888
6380	光和	78/09/22	彰化縣北斗鎮光復路166號3、4樓	04-8886500
6450	永全	78/09/30	桃園市桃園區縣府路82號1至7樓	03-3352155
6460	大昌	78/09/30	新北市板橋區東門街30之2號2樓之1至85及9樓之1、2	02-29689685

6480	福邦	78/10/07	台北市中正區忠孝西路一段6號5樓部分	02-23836888
6620	全泰	78/10/17	桃園市桃園區三民路3段317號3樓部分、4樓	03-3353359
6910	德信	78/11/14	台北市新生南路一段五十號三樓(部分)	02-23939988
6950	福勝	78/11/17	新北市淡水區中正路六十三號三、四、五樓	02-26251818
7000	兆豐	78/11/16	台北市忠孝東路2段95號3樓、4樓部分、6樓、7樓、8樓及11至13樓	02-23278988
7030	致和	78/11/27	台南市西門路3段10號地下1樓、1、2、3、4、5、6、7樓	06-2219777
7070	豐農	78/11/30	台中縣豐原市水源路669號1F	04-25281000
7080	石橋	78/11/30	桃園市平鎮區環南路184號1樓、2樓之1、2樓之2及186巷2號1樓	03-4927373
7750	北城	79/03/31	新北市永和區永和路2段116號3樓部分	02-29283456
7790	國票	79/04/10	台北市重慶北路3段199號地下1樓及6樓部分、台北市松山區南京東路五段188號15樓(部分)	02-25288988
8150	台新	79/06/04	台北市中山北路二段44號2樓部分、3樓部分	02-2181-5888
8380	安泰	79/10/22	高雄市鳳山區五福二路36號1,2樓	07-8122789
8440	摩根大通	79/11/24	台北市信義路5段106號3樓部分	02-27259607
8450	康和	79/12/04	台北市信義區基隆路1段176號地下1樓部分、2樓	02-87871888
8490	萬泰	79/12/15	嘉義市新榮路193號2樓	05-2289911
8520	中農	80/07/27	台中市梧棲區四維中路157巷1號2樓	04-26572801
8560	新光	83/01/05	台北市重慶南路1段66之1號5樓	02-23118181
8580	聯邦商銀	83/07/27	台北市南京東路2段137號2樓	02-25040066
8710	陽信	87/06/09	台北市民生東路5段165號地下之2	02-27629288
8840	玉山	89/11/20	台北市松山區民生東路3段156號2樓、156號2樓之1	02-55561313
8880	國泰	93/08/13	台北市敦化南路2段335號6樓部分、18樓部分、19樓部分、22樓部分	02-23269888
8890	大和國泰	88/04/26	台北市基隆路1段200號13樓之1、14樓、14樓之1	02-27239698
8900	法銀巴黎	94/03/15	台北市信義路5段7號72樓(部分)	02-87297000
8960	香港上海匯豐	95/10/03	台北市信義區基隆路一段333號13樓部分	02-66312899
9100	群益金鼎	77/06/21	台北市松山區民生東路3段156號14樓之1-之3	02-87898888
9200	凱基	98/12/21	台北市明水路698號3樓	02-21818888
9300	華南永昌	77/08/23	台北市民生東路4段54號4樓之8、5樓之3至5樓之7	02-25456888
9600	富邦	77/09/16	台北市仁愛路4段169號4樓部分	02-87716888
9800	元大	96/09/26	台北市中山區南京東路3段225號2樓之1、2樓之2、4樓部分、8樓之1、13樓及14樓	02-27177777
9A00	永豐金	77/11/08	台北市重慶南路1段2號7樓、18樓及20樓	02-2311-4345

資料來源：臺灣證券交易所

國家圖書館出版品預行編目（CIP）資料

圖解第一次買股票就上手（全面修訂版）/ 李明黎著. -- 第5版.
-- 臺北市：易博士文化, 城邦文化出版：家庭傳媒城邦分公司發
行, 2020.10
　面；　公分
ISBN 978-986-480-128-2(平裝)
1.股票投資 2.投資技術 3.投資分析

563.53　　　　　　　　　　　　　　　109015099

Easy money系列 73

圖解第一次買股票就上手（全面修訂版）

作　　　者／李明黎、易博士編輯部
總　編　輯／蕭麗媛
業 務 經 理／羅越華
企 劃 提 案／蕭麗媛
企 劃 執 行／魏珮丞、徐榕英、邱靖容、黃婉玉
企 劃 監 製／蕭麗媛
視 覺 總 監／陳栩椿

發　行　人／何飛鵬
出　　　版／易博士文化
　　　　　　城邦事業股份有限公司
　　　　　　台北市南港區昆陽街16號4樓
　　　　　　電話：(02)2500-7008
　　　　　　傳真：(02)2502-7676
　　　　　　E-mail：ct_easybooks@hmg.com.tw
發　　　行／英屬蓋曼群島商家庭傳媒股份有限公司城邦分公司
　　　　　　台北市南港區昆陽街16號5樓
　　　　　　書虫客服服務專線：(02)2500-7718、2500-7719
　　　　　　服務時間：周一至週五上午0900:00-12:00；下午13:30-17:00
　　　　　　24小時傳真服務：(02)2500-1990、2500-1991
　　　　　　讀者服務信箱：service@readingclub.com.tw
　　　　　　劃撥帳號：19863813
　　　　　　戶名：書虫股份有限公司
香港發行所／城邦（香港）出版集團有限公司
　　　　　　地址：香港九龍土瓜灣土瓜灣道86號順聯工業大廈6樓A室
　　　　　　電話：(852)25086231 傳真：(852)25789337
　　　　　　Email：hkcite@biznetvigator.com
馬新發行所／城邦（馬新）出版集團 Cite (M) Sdn Bhd
　　　　　　41, Jalan Radin Anum, Bandar Baru Sri Petaling, 5700
　　　　　　Kuala Lumpur, Malaysia.
　　　　　　Tel：(603)90563833
　　　　　　Fax：(603)90576622
　　　　　　Email：services@cite.my

美 術 編 輯／陳姿秀、蔡嘉慧、evian、劉淑媛、簡至成
封 面 構 成／陳姿秀、簡至成
插　　　畫／溫國群
特 約 攝 影／王宏海
製 版 印 刷／卡樂彩色製版印刷有限公司

城邦讀書花園
www.cite.com.tw

■ 2020年10月15日 修訂五版1刷
■ 2024年07月04日 修訂五版43刷
ISBN 978-986-480-128-2（平裝）

定價 250 元　HK $83